p5*js 책 한 권으로
# 나도 인공지능 프로그래머

*p5*js

저자 김병남 · 하주원 · 김은협 · 정기민 · 길완제

현우사

## 이 책을 펴내며...

인공지능에 대한 관심이 커지면서 인공지능 개발에 적합한 프로그래밍 언어에 대한 고민도 함께 시작되었습니다. 당연히 양질의 머신러닝, 딥러닝 라이브러리가 많은 언어가 좋은 대접을 받는 것이겠지만 꼭 그렇지만은 않습니다. 그 이유는 프로그래밍 언어를 배우는 도중에 포기하게 되는 경우가 다수이기 때문입니다. 마치 멋진 곡을 연주해보고 싶은 마음에 피아노를 배우지만 악보를 읽고 건반 치는 방법을 익히는 과정이 쉽지 않기에 피아노 연주를 제대로 해보기 전에 포기하는 사람이 많은 것과 같다고 할 수 있습니다.

인공지능 프로그래밍 언어의 절대 강자로 꼽히는 파이썬의 경우 쉽게 배울 수 있는 장점이 있어 시작하는 사용자가 많습니다. 그러나 학습의 깊이가 더해질수록 라이브러리 사용을 위해 새롭게 배워야 할 내용이 많고 인공지능 프로그래밍에 사용되는 라이브러리 역시 사용하기 쉽지 않습니다. 교수자 입장에서도 학습자를 배움의 터널로 이끄는 것까지는 어렵지 않게 합니다. 다만 빛이 나올 때까지 직진하면 된다는 것을 알려주지만 끝없이 이어지는 어둠에서 포기하는 사람들을 도와주기는 쉽지 않습니다.

이 책의 저자들은 오랫동안 교직에 몸담아 온 사람들로 인공지능 프로그래밍에 관심 있는 학습자들이 배우는 과정에 지치지 않고 완주할 수 있는 언어에 대한 고민을 하게 됐습니다. 그러던 중 p5.js라는 자바스크립트 기반의 프로그래밍 언어가 초보 학습자도 쉽게 자신의 생각을 창의적으로 표현해가며 익힐 수 있다는 점에 역점을 두고 교육적 도구로서의 가능성을 연구·개발하게 되었습니다.

p5.js는 Processing의 코드 스타일을 지원하는 자바스크립트 라이브러리입니다. 그래픽, 애니메이션, 영상, 사운드와 같은 미디어 표현에 뛰어난 능력을 발휘하고 있어 미디어 아트를 하는 학생들이나 동적인 웹 프로그래밍을 하고자 하는 개발자들에게 도움을 줍니다. 간결한 문법 구조로 인해 쉽게 익히고 활용할 수 있다는 점과 p5.js를 지원하는 라이브러리들이 아주 풍부하다는 점이 이 프로그램의 장점으로 꼽을 수 있습니다. 특히 인공지능 개발이 필수가 되고 있는 요즘 tensorFlow.js에 기반을 둔 ml5.js 머신러닝라이브러리가 지원되고 있다는 점과 티처블머신이라는 머신러닝 모델 생성기를 사용할 수 있는 점에서 인공지능교육에 큰 파장을 일으키고 있는 프로그래밍으로 손꼽히고 있습니다.

이렇게 훌륭한 개발 도구임에도 불구하고 국내에는 아직 사용자가 많지 않고 소개하는 서적이 없어 안타까운 마음에 이를 연구하고 개발한 교사들이 모여 이 책을 출판하게 되었습니다.

어린아이가 스케치북에 꽃을 그리고 나비를 그리듯 p5.js는 인터넷 브라우저 전체를 스케치북 삼아 표현할 수 있을 뿐 아니라 텍스트, 비디오, 웹캠, 사운드를 포함한 각종 HTML 요소들로 자신의 생각을 구현할 수 있습니다. 인공지능 프로그래밍 교육도 자신의 생각을 손쉽게 채워나갈 수 있어야 지치지 않고 완주할 수 있다고 생각합니다. 상상을 넘어 그 이상의 결과를 얻기 위한 행보는 여러분이 이 책을 선택한 이 순간부터 일어날 것이라고 자부합니다.

강력하고, 매력적인 p5.js 언어를 배우는 과정을 저자들도 응원하겠습니다!

p5.js 책 한 권으로
나도 인공지능 프로그래머

# CONTENTS

**01.** p5.js 코딩 준비 ·················· 6

**02.** 평면도형(2D Primitives) ·················· 26

**03.** 입체도형(3D Primitives) ·················· 35

**04.** 이미지 처리와 애니메이션 ·················· 43

**05.** 사운드와 비디오, 웹캠 영상 ·················· 62

**06.** 오브젝트와 클래스 ·················· 77

**07.** p5.speech 라이브러리 ·················· 102

**08.** HTML과 DOM ·················· 121

**09.** 머신러닝(기계학습) ·················· 143

# p5.js 책 한 권으로
# 나도 인공지능 프로그래머

**01.** p5.js 코딩 준비
**02.** 평면도형(2D Primitives)
**03.** 입체도형(3D Primitives)
**04.** 이미지 처리와 애니메이션
**05.** 사운드와 비디오, 웹캠영상
**06.** 오브젝트와 클래스
**07.** p5.speech 라이브러리
**08.** HTML과 DOM
**09.** 머신러닝(기계학습)

# 01 p5.js 코딩 준비

## 1.1 p5.js 코딩 준비

인터넷 검색프로그램에서 p5.js를 검색하면 p5js.org라는 웹사이트가 검색됩니다. p5js.org 홈페이지를 방문하면 아래 그림과 같은 첫페이지가 보입니다.

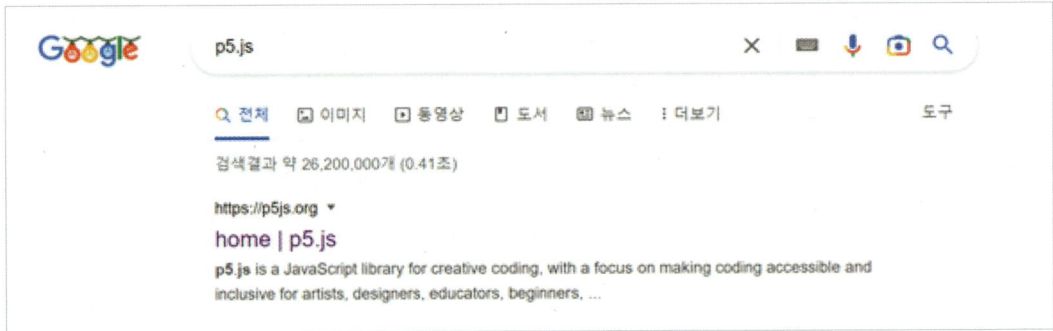

p5 에디터로 프로젝트 시작하기 메뉴를 클릭하면 p5.js 웹에디터로 이동합니다.

p5.js를 시작할 준비가 되었습니다.

p5.js로 코딩을 하기 위해서는 작성한 코드 파일을 제대로 실행하기 위한 준비작업이 필요합니다. p5.js의 명령어, 함수, 구문들을 실행하기 위한 라이브러리 연결과 코드 파일의 작성과 실행 등이 있습니다.
- 코드 파일의 구성
- 기본 실행 함수의 이해
- 캔버스(canvas)의 이해

다음의 방법을 따라해 봅시다.

## 1.2 코드 파일 구성 1(기본 구성)

index.html 파일은 화면 전체 구성과 사용할 라이브러리, 자바스크립트 코드 파일을 연결해 주는 스크립트가 있습니다.

```html
index.html
<!DOCTYPE html>
<html lang="en">
  <head>
    <script src="https://cdnjs.cloudflare.com/ajax/libs/p5.js/1.5.0/p5.js"></script>
    <script
      src="https://cdnjs.cloudflare.com/ajax/libs/p5.js/1.5.0/addons/p5.sound.min.js">
    </script>
    <link rel="stylesheet" type="text/css" href="style.css">
    <meta charset="utf-8" />
  </head>

  <body>
    <script src="sketch.js"></script>
  </body>
</html>
```

위 코드의 다음과 같은 내용은 p5 와 p5.sound 관련된 클래스와 함수들이 담겨 있는 라이브러리입니다. 이처럼 자신이 사용할 라이브러리를 추가하거나 삭제하며 사용하게 됩니다.

```html
<script src="https://cdnjs.cloudflare.com/ajax/libs/p5.js/1.5.0/p5.js"></script>
<script
  src="https://cdnjs.cloudflare.com/ajax/libs/p5.js/1.5.0/addons/p5.sound.min.js">
</script>
```

sketch.js 파일은 실제 자바스크립트 코드가 담기는 코드 파일이며 주로 이 파일을 대상으로 프로그램을 작성하게 됩니다.

**sketch.js**
```javascript
let i=0;

function setup() {
  createCanvas(400, 400);
  background(220);
}

function draw() {
  console.log(i);
  i++;
}
```

style.css는 Cascading Style Sheets 파일로 CSS는 HTML 요소들이 웹페이지에서 어떻게 보이는가를 정의하는 데 사용되는 스타일 시트 언어입니다. 색이나 폰트 등 웹문서를 꾸미기 위한 디자인 요소에 대한 파일이라고 이해하는 것이 좋습니다.

**style.css**
```css
html, body {
  margin: 0;
  padding: 0;
}
canvas {
  display: block;
}
```

웹문서(웹페이지)는 웹페이지 형식 언어인 HTML(Hyper Text Mark-up Language)로 모든 표현을 합니다. 이러한 HTML 언어도 시대가 바뀌며 부족한 기능을 추가하거나 개선하면서 지속적으로 발전하고 있습니다. 현재에는 HTML5가 주로 사용되고 있습니다. 그러나 기능이 개선되고는 있지만 HTML로 모든 것을 표현하기에는 부족한 부분이 많습니다. 특히 사용자에 따라서 웹문서가 다르게 구성되거나 게임과 같이 능동적인 반응이 발생해야 하는 동적인 웹문서를 만들기에는 더욱 불편합니다. 이러한 부족함을 해결하기 위해 개발된 언어들이 웹프로그래밍 언어입니다. 웹프로그래밍 언어도 사용자의 컴퓨터에서 웹브라우저에 의해 실행되는 클라이언트 사이드 프로그래밍 언어가 있는가 하면, 서버에서 작동하여 클라이언트의 요구에 따라 실행되는 서버 사이드 웹프로그래밍 언어가 있습니다. PHP 같은 언어가 서버 사이드이고, 자바스크립트가 대표적인 클라이언트 사이드 입니다. 모든 웹문서는 최종적으로 HTML로 표현되어야 하기에 웹프로그래밍 언어는 작업을 처리한 후 HTML로 처리한 결과를 나타냅니다. 자바스크립트는 웹브라우저를 위한 프로그래밍 언어입니다.

## 1.3 코드 파일 구성 2(HTML 파일만 사용)

```
index.html
<!DOCTYPE html>
<html lang="en">
  <head>
    <script src="https://cdnjs.cloudflare.com/ajax/libs/p5.js/1.5.0/p5.js"></script>
    <script src="https://cdnjs.cloudflare.com/ajax/libs/p5.js/1.5.0/addons/p5.sound.min.js"></script>
    <meta charset="utf-8" />

  </head>
  <body bgcolor='#AABB00'>
    <p>반드시 index.html 파일을 확인하세요.....</p>
    <p>원래 스크립트 언어의 코딩법을 보여드린 것입니다.</p>
    <script>
      let x = 200;
      let y = 200;
      let xdir = 1;

      function setup() {
        createCanvas(400, 300);
      }
```

```
    function draw() {
      background(0);
      ellipse(x,y,100,100);
      if(x<50 || x>width-50){
        fill(random(255),random(255),random(255));
        xdir*=-1;
      }
      x+=xdir*5;
    }
  </script>
  <p>
  <button onclick="alert('p5.js를 공부하실 준비가 되었습니까?')"> 여기를 누르세요.!
 </button>
   </p>
  </body>
 </html>
```

위와 같은 코드를 아래와 같이 여러 개의 파일로 나누어서 코딩할 수도 있습니다.

## 1.4 코드 파일 구성 3(여러 개의 파일로 구성)

**index.html**

```html
<!DOCTYPE html>
<html lang="en">
  <head>
    <script src="https://cdnjs.cloudflare.com/ajax/libs/p5.js/1.5.0/p5.js"></script>
    <script src="https://cdnjs.cloudflare.com/ajax/libs/p5.js/1.5.0/addons/p5.sound.min.js"></script>
    <link rel="stylesheet" type="text/css" href="style.css">
    <meta charset="utf-8" />

  </head>
  <body>
    <p>이 예제는 sketch.js와 sketch2.js 2개의 파일에 코드를<br>나눠 쓴 경우입니다.</p>
    <p>클래스를 따로 구분하거나 코드가 너무 길거나 해서<br>파일을 여러 개 나눠쓸 수도 있음을 의미합니다.</p>
    <p>index.html에 sketch.js와 sketch2.js 2개의 파일을<br> 링크만 하면 됩니다.</p>
    <script src="sketch.js"></script>
    <script src="sketch2.js"></script>
  </body>
</html>
```

**sketch.js**

```
let x = 200;
let y = 200;
let xdir = 1;
let ydir = 1;

function setup() {
  createCanvas(400, 300);
}

function draw() {
  background(150);
  move();
}
```

sketch2.js
```
function move(){
  ellipse(x,y,100,100);
  if(x<50 || x>width-50){
    fill(random(255),random(255),random(255));
    xdir*=-1;
  }
  x+=xdir*5;
}
```

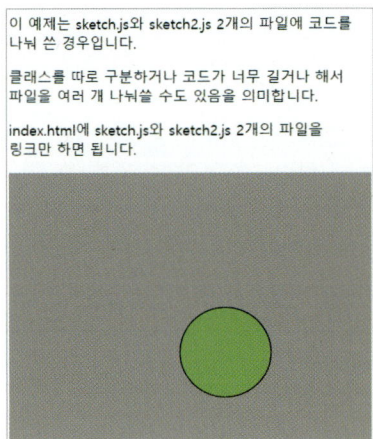

위와 같이 기본 파일 구성을 사용하거나 index.html에 모든 내용을 혼합해서 사용하거나, 여러 개의 파일로 코드를 나눠서 작성하는 방법 중에서 선호도 또는 필요에 따라서 작성하면 됩니다. 결과적으로 모든 내용은 index.html에서 모아서 처리하는 것입니다.

## 1.5 캔버스(canvas)

```
sketch.js
function setup(){        //setup()은 1회만 실행되는 함수
  createCanvas(400, 400);
}

function draw(){         //draw()는 무한반복 되는 함수
  background(220);
}
```

가로, 세로 400px인 canvas가 만들어 졌습니다.

setup() 함수는 프로그램을 실행시 1회만 실행되는 함수입니다. 주로 프로그램 실행에 필요한 기본 설정을 하는 코드를 작성하는 곳이라고 생각하면 됩니다. draw() 함수는 프로그램을 중지할 때까지 계속 반복(무한반복)되는 함수입니다. 따라서 프로그램이 해야 할 실질적인 작업은 대부분 draw() 함수에서 이루어집니다.

canvas(캔버스)는 크롬과 같은 웹브라우저에서 나타나는 웹문서에 이미지로 표현되는 객체(DOM)입니다. 웹페이지 일부 영역에 그림을 그릴 수 있는 도화지(캔버스)를 만든다는 의미로 이해하면 됩니다. 실제로 캔버스 영역에 그려지는 모든 것은 이미지 파일로 다운로드가 가능합니다. p5.js에서 작업하는 대부분의 작업은 주로 캔버스를 대상으로 하므로 그림, 영상, 애니메이션, 게임과 같은 어플리케이션을 만든다면 바로 이 캔버스를 대상으로 작업을 하는 것입니다.

### ■ createCanvas(w, h)

w(너비)는 캔버스의 가로의 크기를 의미하며, h(높이)는 세로의 크기입니다. 즉, 위의 코드에서는 너비×높이(400×400px)의 이미지 공간(캔버스)을 생성하게 됩니다. createCanvas() 함수를 사용하지 않을 경우에는 기본 사이즈인 100×100px의 캔버스가 만들어집니다. 따라서 캔버스를 사용하지 않는 프로그램을 만드는 경우에는 noCanvas() 함수를 사용하여 캔버스를 생성하지 않도록 해야 합니다.

### ■ background(color)

캔버스의 배경 컬러를 지정할 수 있습니다. 컬러를 지정하는 방법은 여러가지 형식이 있으며 다음을 참고하기 바랍니다.

```
Syntax
background(color)
background(colorstring, [a])
background(gray, [a])
background(v1, v2, v3, [a])
background(values)
background(image, [a])
```

[ ]는 생략할 수 있는 인수를 나타내는 표기입니다.

background() 함수는 배경색을 지정하는데 주로 사용하지만, 경우에 따라서는 이미지를 배경으로 사용할 수도 있습니다. 그러기 위해서는 이미지 파일을 지정해서 불러와야 하므로 나중에 loadImage() 함수 편에서 다루도록 하겠습니다. background(image)와 같이 image 파일을 직접 사용할 수 있습니다.

background() 함수를 이해하는데 있어, 배경에 색을 지정하거나 색을 입힌다는 개념으로 이해하는 것이 틀린 것은 아니지만, 정확한 표현은 아닙니다. draw() 함수로 반복하면서 배경을 새롭게 다시 그린다고 이해하는 것이 정확합니다. 배경색을 간단하게 변화시켜 보겠습니다.

```
function setup(){          //setup( )은 1회만 실행되는 함수
  createCanvas(400, 400);
}
function draw(){           //draw( )는 무한반복 되는 함수
  background("yellow");
}
```

circle()은 원을 그리는 함수이며, mouseX, mouseY는 마우스의 X, Y 위치로 현재 마우스의 위치를 알려주는 시스템 변수입니다.(태블릿이나 스마트폰처럼 터치 디스플레이인 경우에는 터치한 좌표를 가리킵니다.)

**sketch.js**
```
function setup(){
  createCanvas(500, 400);
}

function draw(){
  background(180, 0, 180);
   //red:180, green:0, blue:180
  circle(mouseX, mouseY, 50);
   //mouseX, mouseY, 지름:50
}
```

위의 코드를 실행하면 캔버스에는 항상 1개의 원이 나타납니다. 그러나 아래의 코드를 실행하면 전혀 다른 결과를 보여줍니다.

**sketch.js**
```
function setup(){
  createCanvas(500, 400);
  background(180, 0, 180);
}

function draw(){
  circle(mouseX, mouseY, 50);
}
```

background() 함수를 setup() 함수에서 호출(실행)하였으므로 배경색은 1회만 지정됩니다. 그 다음 draw() 함수에서 circle() 함수가 원을 계속해서 그리고 있습니다. 위의 코드는 한 번 그린 원을 지워 주는 코드는 없습니다. 위의 코드 2개를 비교해 보면 background() 함수가 화면을 지우는 기능으로만 이해할 수 있습니다. 그러나 이것도 정확한 표현은 아닙니다. background() 함수의 정확한 역할은 이미 그려진 캔버스 위에 다시 배경을 그린다는 표현이 정확합니다. background() 함수의 투명도(알파채널)를 약간 더 투명한 값으로 설정하면 더욱 명확히 이해할 것 입니다.

```
sketch.js
function setup(){
  createCanvas(500, 400);
}

function draw(){
  background(180, 0, 180, 10);
  //알파채널 투명도(10)
  circle(mouseX, mouseY, 50);
}
```

위 코드의 실행 결과에서 마우스가 움직이며 그려지는 원 위에 배경이 다시 그려지면서 이전의 원이 희미해지는 것을 볼 수 있습니다. 이것으로 background() 함수는 배경색을 설정하거나 배경을 지운다는 개념이 아니라 배경을 새롭게 그려내는 역할을 한다는 것을 알 수 있습니다.

원을 사각형으로 바꿔서 그려보겠습니다.

```
sketch.js
function setup(){
  createCanvas(500, 400);
}

function draw(){
  background(180, 0, 180, 10);
  //알파채널 투명도(10)
  rect(mouseX, mouseY, 50, 50);
}
```

배경색을 다양하게 변화시켜 봅시다.

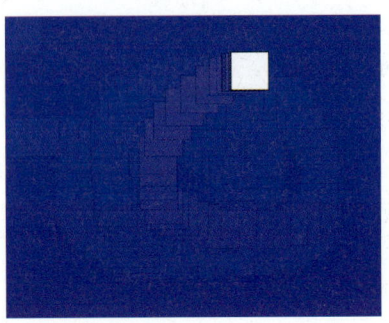 

## 1.6 p5.js 코딩 레퍼런스

p5.js는 온라인 웹에디터가 제공되는 것뿐만 아니라 레퍼런스도 정리가 매우 잘 되어 있는 편입니다. 특히 한국어를 지원하고 있다는 점에서 매우 반갑습니다.

레퍼런스를 보면 컬러, 환경, 이미지, 도형 등 각 섹션별로 정리가 되어 있으며 함수명을 알고 있으면 Search reference 입력란에 검색을 통하여 쉽게 찾을 수도 있습니다.

```
Home
Editor              Reference          Search reference
Download
                    Can't find what you're looking for? You may want to check out p5.sound.
Donate              You can also download an offline version of the reference.
Get Started         3D              Data            IO              Shape
Reference           Color           Environment     Image           Structure
                    Constants       Events          Math            Transform
Libraries           DOM             Foundation      Rendering       Typography
Learn
```

각 섹션을 선택하면 해당 카테고리로 이동하면서 세부적인 함수들을 보여주고 있습니다. 이 중에서 2D Primitives의 직사각형(rect)을 선택해 봅시다.

```
Shape
2D Primitives           Attributes              Curves
arc()                   ellipseMode()           bezier()
ellipse()               noSmooth()              bezierDetail()
circle()                rectMode()              bezierPoint()
line()                  smooth()                bezierTangent()
point()                 strokeCap()             curve()
quad()                  strokeJoin()            curveDetail()
rect()                  strokeWeight()          curveTightness()
square()                                        curvePoint()
triangle()                                      curveTangent()

Vertex                  3D Primitives           3D Models
beginContour()          plane()                 loadModel()
beginShape()            box()                   model()
bezierVertex()          sphere()
curveVertex()           cylinder()
endContour()            cone()
endShape()              ellipsoid()
quadraticVertex()       torus()
vertex()                p5.Geometry
normal()
```

rect() 함수에 대한 예제가 먼저 나옵니다. 이 예제만 봐도 어떻게 활용하는 함수인지 알 수 있습니다. 왼쪽에 실행된 결과를 보여주고 오른쪽엔 실제 코드 예제가 나와 있습니다.

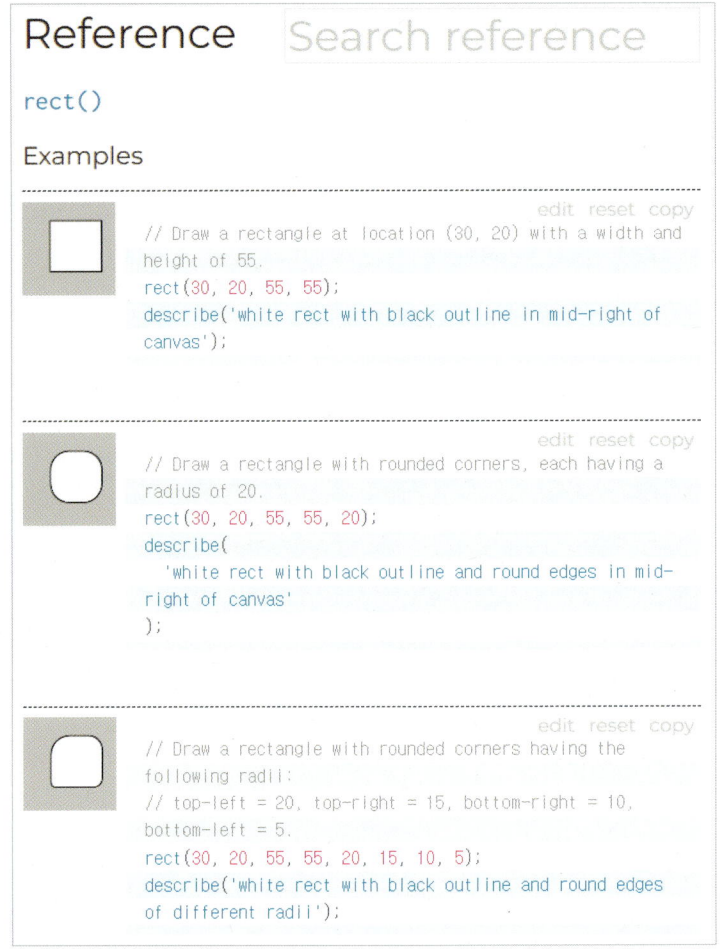

아래쪽에 rect() 함수에 대한 설명이 되어 있어서 참고하기 매우 간편하며 쉽게 설명되어 있습니다.

설명

화면에 직사각형을 그립니다. 직사각형은 변이 4개이고 모든 변 사이의 각도가 90도인 도형을 뜻합니다. 처음 두 변수는 좌측 상단 꼭짓점의 좌표를, 3번째 변수는 사각형의 너비를, 4번째 변수는 그 높이를 설정합니다. rectMode() 함수로 사각형 그리기 모드를 변경하면, 모든 매개변수값들이 달리 해석됩니다.

5번째, 6번째, 7번째, 8번째 매개변수를 입력하면, 각각 좌측 상단, 우측 상단, 우측 하단, 좌측 하단 모퉁이들의 각도를 지정하게 됩니다. 이 때 특정 각도 변수가 누락되면, 직전에 입력된 변수와 동일한 값이 적용됩니다.

문법

rect(x, y, w, [h], [tl], [tr], [br], [bl])

rect(x, y, w, h, [detailX], [detailY])

매개변수

| | |
|---|---|
| x | 숫자: 직사각형의 x좌표값 |
| y | 숫자: 직사각형의 y좌표값 |
| w | 숫자: 직사각형의 너비값 |
| h | 숫자: 직사각형의 높이값 |
| tl | 숫자: (선택 사항) 좌측 상단 모퉁이 각도값. |
| tr | 숫자: (선택 사항) 우측 상단 모퉁이 각도값. |
| br | 숫자: (선택 사항) 우측 하단 모퉁이 각도값. |
| bl | 숫자: (선택 사항) 좌측 하단 모퉁이 각도값. |
| detailX | 정수: (선택 사항) x축 방향의 선분 수 (WebGL 모드용) |
| detailY | 정수: (선택 사항) y축 방향의 선분 수 (WebGL 모드용) |

p5를 설명하는 것은 실제 p5를 관리하고 발전시키고 있는 p5js.org 만큼 정확한 설명은 없다고 생각합니다. 따라서 레퍼런스를 자주 참고하며 학습하는 것을 추천하며, 그 외의 사이트, 블로그 등에서는 다양한 아이디어와 개발자들의 독창적인 알고리즘을 공부하는 것이 바람직할 것입니다. 레퍼런스를 참고해서 다양한 그림을 그려봅시다.

sketch.js
```
function setup(){
  createCanvas(400, 400);
}
function draw(){
  background(180, 0, 180, 10);
  rect(50, 50, 300, 300);
}
```

## 1.7 p5.js 라이브러리

현재 p5.js에 추가하여 사용할 수 있는 라이브러리들은 다음과 같이 상당히 방대한 분량입니다. 이 중에서 필수적인 라이브러리가 있는가 하면 대부분 특수한 경우에만 사용하는 라이브러리들입니다. 따라서 어떠한 라이브러리가 있는지만 파악 후 필요한 상황에 활용하는 것이 바람직합니다. 다음 라이브러리들 중에서 이 책에서 다루는 라이브러리는 p5.sound, ml5, p5.speech 정도입니다.

| | |
|---|---|
| p5.sound | p5.sound 는 p5.js에 있어 소리와 관계되는 작업에 필수적인 라이브러리입니다. 따라서 라이브러리 사용에 추가 작업 없이 이미 라이브러리가 추가되어 있으므로 바로 사용할 수 있습니다. |
| p5.accessibility | 시각장애인의 웹 접근성을 개선하고 향상시키기 위한 라이브러리입니다. |
| asciiart | ASCII ART는 이미지를 ASCII 코드로 표현하는 라이브러리입니다. |
| p5.ble | 블루투스(BLE) 장비와 연결을 지원하는 라이브러리입니다. |
| blizard.js | DOM 조작을 보다 간편하게 도와주는 라이브러리입니다. |
| p5.bots | p5.js 스케치와 아두이노 또는 마이크로컨트롤러와 연결하여 상호작용하는 작품을 제작할 수 있도록 지원하는 라이브러리입니다 |

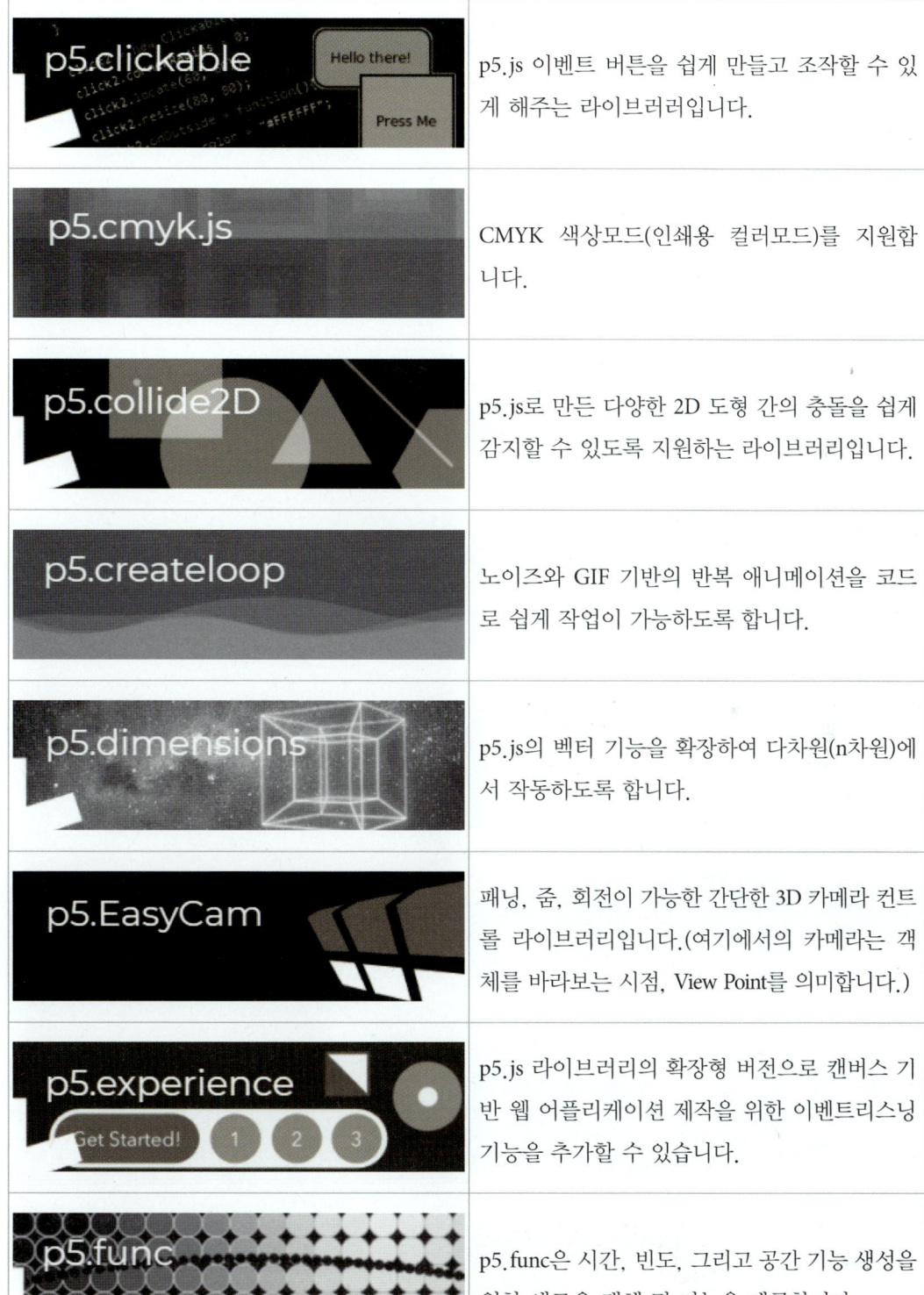

| | |
|---|---|
| p5.clickable | p5.js 이벤트 버튼을 쉽게 만들고 조작할 수 있게 해주는 라이브러리입니다. |
| p5.cmyk.js | CMYK 색상모드(인쇄용 컬러모드)를 지원합니다. |
| p5.collide2D | p5.js로 만든 다양한 2D 도형 간의 충돌을 쉽게 감지할 수 있도록 지원하는 라이브러리입니다. |
| p5.createloop | 노이즈와 GIF 기반의 반복 애니메이션을 코드로 쉽게 작업이 가능하도록 합니다. |
| p5.dimensions | p5.js의 벡터 기능을 확장하여 다차원(n차원)에서 작동하도록 합니다. |
| p5.EasyCam | 패닝, 줌, 회전이 가능한 간단한 3D 카메라 컨트롤 라이브러리입니다.(여기에서의 카메라는 객체를 바라보는 시점, View Point를 의미합니다.) |
| p5.experience | p5.js 라이브러리의 확장형 버전으로 캔버스 기반 웹 어플리케이션 제작을 위한 이벤트리스닝 기능을 추가할 수 있습니다. |
| p5.func | p5.func은 시간, 빈도, 그리고 공간 기능 생성을 위한 새로운 객체 및 기능을 제공합니다. |

| | |
|---|---|
| 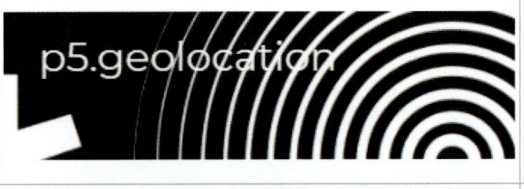 | p5.geolocation은 사용자 위치를 파악하거나 관찰, 계산, 지오펜싱(geo-fencing)하기 위한 기술을 제공합니다. |
|  | p5.gibber는 음악 시퀀싱 및 오디오 합성 기능을 빠르게 지원하는 라이브러리입니다. |
| 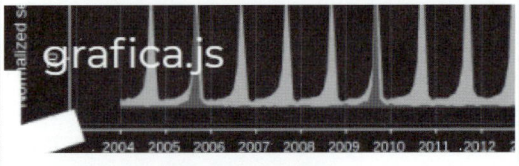 | grafica.js는 p5.js 스케치에서 쉽게 2D 그래프를 제작할 수 있도록 합니다. |
|  | p5.gui는 p5.js 스케치를 위한 그래픽 유저 인터페이스를 만들 수 있습니다. |
|  | p5.localmessage는 멀티 윈도우에서 스케치 간 로컬 메시지 전송 기능 및 인터페이스를 제공합니다. |
|  | 래스터(비트맵 이미지)에서 벡터로의 변환 작업을 지원합니다. |
| 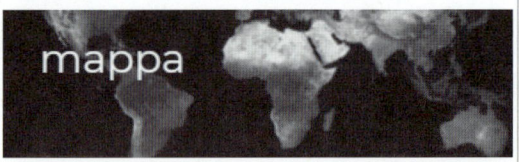 | Mappa는 정적 맵, 타일 맵, 지오 데이터 활용을 위한 툴을 제공합니다. 지리 정보 기반의 시각적 프로젝트 제작할 경우 유용합니다. |
|  | ml5.js는 Tensorflow.js를 기반으로 하며, 머신러닝 알고리즘 및 모델에 대한 기능을 제공합니다.(참고로 이 책의 머신러닝에서 다룰 라이브러리입니다.) |

| | |
|---|---|
|  | p5.play는 게임과 같은 어플리케이션 제작을 위한 스프라이트(sprite), 애니메이션을 구현하며 객체 충돌 기능을 제공합니다. |
|  | 파티클은 사용자가 직접 제작한 구조나 기능, 또는 JSON 데이터를 사용하여 시각적 효과를 만드는 데에 쓰입니다. |
|  | p5.Riso는 석판화와 같은 파일을 생성하는 라이브러리입니다. 스케치를 다양한 색상의 판화처럼 만들어줍니다. |
|  | RiTa.js는 자연스러운 문장의 생산을 위한 자연어 처리 객체를 제공합니다. |
|  | 사용자가 직접 회전할 수 있는 노브를 만들어 사용할 수 있도록 합니다. |
| 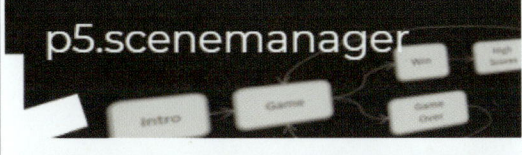 | p5.SceneManager는 스케치를 여러 단계의 장면들로 구성할 수 있도록 합니다. |
|  | 프로세싱(Processing)의 screenX 및 screenY 기능을 p5.js에 적용합니다. |
|  | 2D의 기본적인 평면도형을 손그림으로 표현합니다. |

| | |
|---|---|
|  | p5.serial은 p5.js와 마이크로컨트롤러(아두이노) 간의 직렬 통신을 지원하는 라이브러리 입니다. |
|  | Shape5는 코딩을 처음 배우는 초등학생을 위한 2D 도형 라이브러리입니다. |
|  | p5.js 프레임워크에 더 많은 도형을 제작할 수 있도 제작된 라이브러리입니다. |
| 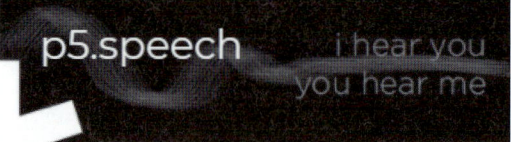 | p5.speech는 음성을 인식하고 스피커를 통해 음성으로 출력할 수 있도록 지원하는 라이브러리입니다.(이 책에서도 다룰 예정입니다.) |
|  | 픽셀, 밀리미터, 센티미터 또는 인치 단위의 정적인 2D 아트를 만들기 위한 p5 확장 라이브러리입니다. |
|  | p5.tiledmap은 스케치에 지도를 넣기 위한 드로잉 기능을 제공합니다. |
|  | 스마트 기기를 위한 멀티 터치 및 마우스 그래픽 유저 인터페이스(GUI)를 제작할 수 있도록 지원합니다. |
|  | Tramontana는 상호작용 환경 및 공간을 생성하며 여러가지 기기(iOS, Android, tramontana Board 등)를 쉽게 쓸 수 있도록 하는 플랫폼입니다. |

| | |
|---|---|
|  | Vida는 카메라(또는 비디오) 기반의 모션 감지 및 트래킹 기능을 더하는 p5.js 라이브러리입니다. |
|  | p5.voronoi는 p5.js 스케치상 보로노이 다이어그램을 그리고 활용할 수 있는 라이브러리를 제공합니다. |
|  | p5.js로 VR 및 AR 스케치를 작성하기 위한 라이브러리입니다. (AR 또는 VR 기기 필요합니다.) |
| 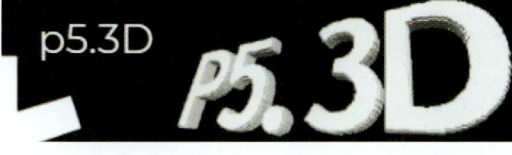 | WebGL로 3D 텍스트 및 이미지를 사용할 수 있도록 지원합니다. |

# 02 평면도형(2D Primitives)

p5.js는 다양한 프로그램을 제작할 수 있는 언어지만, 특히 그래픽 처리에 장점을 가집니다. p5.js에서 사용할 수 있는 가장 기본적인 평면도형(2D Primitives)과 관련된 함수를 알아보도록 하겠습니다.

## 2.1 원과 타원(circle & ellipse)

■ circle(x, y, d)

circle() 함수는 x, y좌표를 기준으로 d만큼의 지름 크기를 갖는 원을 그리는 함수입니다.

```
sketch.js
function setup(){
  createCanvas(500, 400);
}

function draw(){
  background(0, 150, 255);
  circle(250, 200, 400);
}
```

원을 그리는 기준점은 ellipseMode() 함수를 이용하여 바꿀 수 있는데, ellipseMode() 함수는 원과 관련된 함수인 circle(), ellipse(), arc()에 모두 적용됩니다.

■ ellipseMode(CENTER) : 원의 기준점이 중앙이며, 지름의 크기로 표현합니다.

■ ellipseMode(CORNER) : 원의 기준점이 좌측상단, 우측은 지름의 크기로 표현합니다.

■ ellipseMode(CORNERS) : 원의 기준점이 좌측 상단이며 우측 하단의 좌표로 표현합니다.

■ ellipseMode(RADIUS) : 원의 기준점이 중앙이며, 반지름의 크기로 표현합니다.

CENTER는 주어진 좌표를 원의 중심으로 하며 지름 크기의 원을 그립니다. CORNER는 주어진 좌표를 왼쪽 위 모서리로 하며 지름 크기의 원을 그립니다. CORNERS는 왼쪽 위 모서리에서 원을 그리며 오른쪽 아래 모서리의 좌표까지 원을 그립니다. RADIUS는 주어진 좌표를 원의 중심으로 하는 것은 CENTER와 같지만, 지름이 아닌 반지름으로 길이로 원을 그리게 됩니다. 아래의 코드에서 fill(color)은 다음에 그려질 도형의 내부를 지정된 색으로 채우는(칠하는) 함수 입니다.

### ▣ fill(color)

```js
function setup(){
  createCanvas(500, 400);
}

function draw(){
  background(0, 150, 255);
  fill(255, 0, 0);
  ellipseMode(CORNER);
  circle(150, 50, 350);
  fill(0, 255, 0);
  ellipseMode(CORNERS);
  circle(0, 0, 300);
  fill(0, 0, 255);
  ellipseMode(RADIUS);
  circle(200, 200, 100);
  fill(255, 0, 255);
  ellipseMode(CENTER);
  circle(250, 200, 50);
}
```

circle() 함수는 가로의 지름과 세로의 지름이 같은 원 입니다. 그러나 타원은 가로의 지름과 세로의 지름이 다르기 때문에 가로의 지름과 세로의 지름을 따로 입력해야 합니다.

### ▣ ellipse(x, y, dx, dy)

x, y는 circle() 함수처럼 타원의 중심 좌표입니다. dx는 가로 지름의 길이이며, dy는 세로 지름의 길이입니다. 이때 가로와 세로의 길이가 같다면 circle() 함수와 같은 원을 그리게 됩니다. 따라서 타원을 그릴 수 있다면 굳이 circle() 함수를 사용할 필요는 없습니다. 참고로 가로와 세로의 길이가 같다면, dy는 생략해도 됩니다.

```
sketch.js
function setup(){
  createCanvas(500, 400);
}

function draw(){
  background(0, 150, 255);
  fill(0, 255, 0);
  ellipse(250, 200, 400);
  fill(255, 0, 255);
  ellipse(250, 200, 300, 200);
  fill(255, 255, 0);
  ellipse(250, 200, 100, 300);
}
```

## 2.2 정사각형과 직사각형(square & rect)

■ **square**(x, y, s)

square()는 정사각형을 그리는 함수입니다. 사각형에도 원을 그릴 때처럼 기준점이 있습니다. 다만 원은 기본이 중앙점을 기준으로 한다면, 사각형은 왼쪽 위 모서리가 기준점입니다. x, y좌표에서 시작되는 사각형이라는 의미입니다. square() 함수는 정사각형이므로 s는 가로, 세로의 길이 입니다.

background( '#00FF00' )의 '#00FF00'는 16진수로 표현하는 컬러의 또 다른 표현 방법입니다. 16진수 맨 앞의 두자리는 red, 가운데 두 자리는 green, 마지막 두 자리는 blue를 의미합니다. 위에서는 가운데 두 자리가 FF이므로 255를 의미합니다. 이는 red=0, green=255, blue=0을 나타내므로 초록색으로 배경이 그려집니다.

**sketch.js**
```
function setup(){
  createCanvas(500, 400);
}

function draw(){
  background('#00FF00');
  square(150, 100, 200);
}
```

■ **rect**(x, y, w, [h])

   rect()는 직사각형을 그리는 함수입니다. 따라서 정사각형을 그리는 square() 함수를 사용할 필요 없이 rect() 함수로 사각형을 그릴 수도 있습니다. w는 가로의 길이(너비)를 의미하며, h는 세로의 길이(높이)를 뜻합니다. 이때 네 번째 인수인 [h]를 생략하면 정사각형이 그려집니다. 또한 원과 같이 기준점을 바꿀 수도 있습니다.

**sketch.js**
```
function setup(){
  createCanvas(500, 400);
}

function draw(){
  background('#00FF00');
  fill('#BB000F');
  square(mouseX-50, mouseY-50, 100, 10, 10, 45, 45);
  fill('#00AAFF');
  square(mouseX+50, mouseY-25, 15);
  square(mouseX-65, mouseY-25, 15);
  fill('#FFFF00');
  circle(mouseX-20, mouseY-20, 15);
  circle(mouseX+20, mouseY-20, 15);
  circle(mouseX, mouseY, 20);
}
```

■ **rectMode**(CENTER)

■ **rectMode**(CORNER)

■ **rectMode**(CORNERS)

■ **rectMode**(RADIUS)

```
sketch.js
function setup(){
  createCanvas(500, 400);
}

function draw(){
  background('#00FF00');
  fill(0);
  rectMode(CORNER);
  rect(0, 0, width, 100);
  fill(100);
  rectMode(CORNERS);
  rect(0, 100, 500, 200);
  fill(200);
  rectMode(CENTER);
  rect(width/2, 250, 500, 100);
  fill(255);
  rectMode(RADIUS);
  rect(width/2, 350, 250, 50);
}
```

CENTER, CORNER, CORNERS, RADIUS의 의미는 ellipseMode() 함수와 동일합니다.(자세한 설명은 원과 타원의 ellipseMode() 함수를 참고하기 바랍니다.)

## 2.3 점과 선(point & line)

점과 선은 그림그리기에 있어 가장 기본이 되는 요소일 것입니다. 이번 글에서는 점(point)과 선(line)에 대하여 알아봅시다.

■ point(x, y)
■ line(x1, y1, x2, y2)

점(point)은 x, y좌표만을 가집니다. 또한 점은 앞에서 살펴보았던 원이나 사각형과는 다르게 내부에 색을 칠할 공간이 없습니다. 따라서 fill() 함수를 사용하여 색을 지정하는 것이 아닙니다.

background('white')의 'white'도 컬러를 지정하는 방법입니다. 모든 색을 다 표현하지는 못하지만 대표적인 컬러는 이름으로 지정하는 방식도 있습니다. 'red', 'green', 'blue', 'black', 'pink' 처럼 일반적인 이름으로 컬러를 사용하는 방법입니다. random() 함수는 컴퓨터가 무작위 숫자(실수)를 만들어 줍니다.

◼ random([min], [max])

 인수를 생략하고 random() 함수를 사용하면 0 ~ 1사이의 실수를 생성합니다. 이때 만들어진 실수는 1을 제외한 실수 입니다. 그리고 random(255)은 0 ~ 255까지의 숫자를 실수로 생성합니다. random(5, 10)은 5 ~ 9.99…까지의 실수를 생성합니다. 여기에서 두 번째 인수보다 작은 숫자가 생성한다고 이해하도록 합니다.

sketch.js
```
function setup(){
  createCanvas(500, 400);
  background('white');
}

function draw(){
  point(random(500), random(400));
}
```

 흰 캔버스 위에 검정색의 점(point)이 무한정 찍힐 것입니다. 다음 코드에서는 point의 크기와 색을 지정하는 코드를 작성해 봅시다. 코드에서 width는 캔버스의 너비(가로 길이), height는 캔버스의 높이(세로 길이)를 의미합니다.

sketch.js
```
function setup(){
  createCanvas(500, 400);
  background(255);
}

function draw(){
  stroke(random(256), random(256), random(256), 100);
  strokeWeight(random(1, 30));
  point(random(width), random(height));
}
```

◼ stroke(color)
◼ strokeWeight(weight)

앞서 살펴본 fill() 함수는 도형의 내부를 칠하는 함수라면 stroke() 함수는 점과 선의 컬러를 지정하는 함수입니다. strokeWeight() 함수는 점과 선의 두께(굵기)를 지정하는 함수입니다. 이외에도 noStroke()라는 함수가 있는데 이는 원과 사각형과 같은 도형을 그릴 때 외곽선을 그리지 않고 싶을 경우에 사용합니다. 잘 사용하지는 않지만 strokeCap(), strokeJoin()과 같은 함수도 있습니다. 자주 사용하지 않기에 여기에서는 설명하지 않겠지만 필요하다면 p5.js의 레퍼런스를 참고하기 바랍니다.

다음은 다양한 선을 그리는 코드입니다.

**sketch.js**
```
function setup(){
  createCanvas(500, 400);
  background(255);
}

function draw(){
  stroke(random(255), random(255), random(255));
  strokeWeight(1);
  line(width/2, height/2, mouseX, mouseY);
}
```

선의 두께를 20으로 설정하고 fill() 함수로 도형의 내부를 칠하고 stroke() 함수로 선의 컬러를 투명하게 만드는 코드입니다.

**sketch.js**
```
function setup(){
  createCanvas(500, 400);
  background(255);
}

function draw(){
  noStroke();
  fill('darkgray');
  ellipse(width/2, height/2, 200);
  stroke(255, 0, 0, 50);
  strokeWeight(20);
  fill(0, 255, 100, 150);
  rect(200, 200, 100, 200);
}
```

## 2.4 삼각형과 사각형(triangle & quad)

■ triangle(x1, y1, x2, y2, x3, y3)

■ quad(x1, y1, x2, y2, x3, y3, x4, y4)

triangle() 함수는 삼각형을 그리는 함수로 x1, y1은 삼각형의 첫번째 꼭짓점의 좌표, x2, y2는 두번째 꼭짓점, x3, y3는 세번째 꼭짓점의 좌표입니다. quad()는 사각형을 그리는 함수입니다. x1, y1, x2, y2, x3, y3, x4, y4는 사각형의 네 꼭짓점의 좌표입니다. quad() 함수는 사각형임에도 rectMode() 함수의 영향을 받지 않습니다.

sketch.js

```
function setup(){
  createCanvas(500, 400);
}

function draw(){
  background(200);
  noStroke();
  fill(0, 150, 0, 100);
  triangle(250, 100, 150, 200, 250, 200);
  stroke(0);
  strokeWeight(5);
  noFill();
  quad(100, 250, 200, 350, 300, 350, 400, 250);
  stroke(0, 0, 255);
  strokeCap(SQUARE);
  strokeWeight(10);
  line(250, 100, 250, 250);
}
```

## 2.5 원호(arc)

■ arc(x, y, w, h, start, stop, [mode])

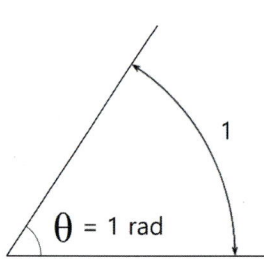

arc()는 원호(부채꼴)를 그리는 함수입니다. x, y는 원호의 중심 좌표, w, h는 원호의 지름에 해당하는 가로와 세로의 길이, start, stop은 원호가 시작되는 각도(radians)와 끝나는 각도(radians)입니다. 여기에서 radians표기는 원호의 각도를 45도, 90도와 같은 degrees의 개념이 아니라 원주율의 개념입니다. PI는 3.141592653589793238460이며, HALF_PI는 PI의 절반인 1.5707963267489661923입니다. TWO_PI는 PI의 2배이며, QUARTER_PI는 0.7853982로 원주율의 1/4입니다. 1 radian은 원호의 길이와 반지름의 길이가 같을 때의 각도를 의미합니다.

좀 더 쉽게 설명하면 각도는 우리가 일상생활에서 사용하는 45° 같은 표기법(60분법, degrees)과 원주율인 3.141592로 표현하는 라디안(radians) 표기법이 있습니다. 일반적인 프로그래밍 언어에서는 주로 라디안 표기법을 사용합니다. 45°는 PI/4(3.14/4), 90°는 PI/2(3.14/2), 180°는 PI(3.14)이며 360°는 2×PI로 표현합니다. p5에서도 라디안표기법을 기본적으로 사용하지만, 사용자의 필요에 따라 degrees로 각도모드(angleMode)를 바꿀 수도 있습니다.

다음 코드에서는 setup() 함수에 모든 코드를 담아서 그렸습니다. 반복 실행할 draw() 함수가 필요 없는 경우 사용하지 않을 수 있다는 것도 알고 있어야 합니다.

**sketch.js**
```
function setup(){
  createCanvas(500, 400);
  background(200);
  noFill();
  arc(150, 100, 150, 150, 0, PI);
  fill(255);
  arc(350, 100, 150, 150, 0, PI, CHORD);
  arc(150, 300, 150, 150, 0, HALF_PI*3, OPEN);
  noFill();
  arc(350, 300, 150, 150, 0, HALF_PI*3, PIE);
  fill(255, 255, 0);
  arc(250, 200, 100, 100, 0, 100.4, PIE);
}
```

# 03 입체도형(3D Primitives)

## 3.1 평판(plane)

### ■ createCanvas(w, h, WEBGL)

WEBGL은 Wikipedia에 다음과 같이 설명되어 있습니다. "WebGL은 OpenGL ES 2.0을 기반으로 하고 3차원 그래픽을 사용하기 위한 프로그래밍 인터페이스를 제공합니다. WebGL은 HTML5 캔버스 요소를 사용하고 문서 객체 모델 인터페이스를 사용해서 액세스할 수 있습니다. 자바스크립트 언어의 일부로서 자동 메모리 관리자가 제공됩니다."

WEBGL은 3차원 그래픽을 위한 자바스크립트용 라이브러리입니다. WEBGL을 사용하면 캔버스에 3D그래픽을 처리할 수 있는 기능을 가지게 됩니다. 캔버스에서 3D 관련 함수들을 이용할 수 있게 해주며 3D 객체들을 사용할 필요가 없다면 WEBGL 인수는 생략해야 합니다.

### ■ plane([w], [h], [detailX], [detailY])

plane()는 3D로 입체화된 평면을 그리는 함수입니다. 여기에서는 평판이라고 표기하였습니다. w는 너비(가로의 길이), h는 높이(세로의 길이), detailX와 detailY는 입체도형에서 각 면을 몇 개로 나누어서 표현할 것인가 하는 것입니다. 세분면이라고 합니다. 지금은 그렇다는 정도만 이해하고 생략합니다.(구체 형태를 볼 때 더 쉽기 때문입니다.)

```
sketch.js

let i = 0;

function setup(){
  createCanvas(500, 400, WEBGL);
}

function draw(){
  background(220);
  rotateX(i += 0.1);
  plane(100, 100, 1);
}
```

■ rotateX(angle)
■ rotateY(angle)
■ rotateZ(angle)

　rotateX()는 x축을 기준으로 3D 객체를 회전시키는 함수입니다. x축이 회전축이므로 위아래로 회전하게 됩니다. 각도(angle)은 radians와 degrees 표기 둘 다 가능합니다. 기본은 radians입니다. rotateY() 함수는 y축을 회전축으로 좌우 회전하게 됩니다. rotateZ() 함수는 z축을 회전축으로 회전합니다. 따라서 회전하는 팽이를 위에서 바라보는 방향에서 회전합니다.

```
sketch.js
let i = 0;

function setup(){
  createCanvas(500, 400, WEBGL);
}

function draw(){
  background(220);
  angleMode(DEGREES);
  rotateX(i++);
  plane(100, 100, 1);
}
```

■ angleMode(mode)

　angleMode(RADIANS) 또는 angleMode(DEGREES)로 설정하면 앵글(angle)의 기준을 라디안(RADIANS) 또는 각도(DEGREES)로 설정합니다.

## 3.2 상자(box)

■ box([w], [h], [depth], [detailX], [detailY])

box() 함수는 3D 도형 중 상자 형태의 육면체를 그릴 때 사용하는 함수입니다. w는 가로의 길이, h는 세로의 길이, depth는 상자의 깊이(두께)를 의미합니다.

```
sketch.js
let i=0;

function setup(){
  createCanvas(500, 400, WEBGL);
}

function draw(){
  background('#AADD00');
  rotateX(-0.3);
  rotateY(i += 0.01);
  box(200, 100, 120);
}
```

## 3.3 구체(sphere)

■ sphere([r], [detailX], [detailY])

축구공과 같은 3D 객체인 구체를 그리는 함수입니다. r은 반지름을 의미하며, detailX, detailY 는 구체의 곡면 표현에서 몇 개의 평면으로 세분화할 것인가 하는 것입니다. 수치가 높을수록 더 세밀하게 표현하므로 보다 원형에 가깝게 표현됩니다. 생략하면 가장 구형에 가까운 형태가 됩니다. detailX, detailY의 최대값은 24입니다.

```
sketch.js
 let i=0;

 function setup(){
   createCanvas(500, 400, WEBGL);
 }

 function draw(){
   background('#AADD00');
   rotateX(-0.9);
   rotateY(i += 0.01);
   sphere(150, 24, 24);
 }
```

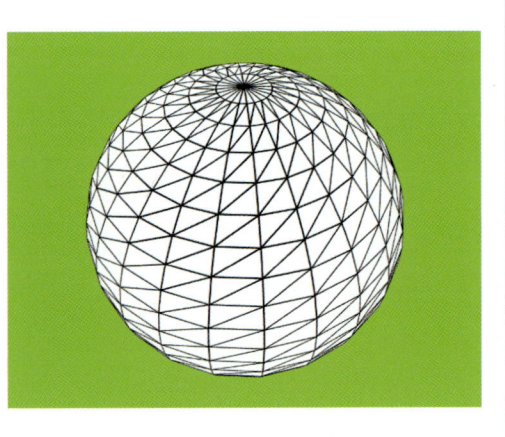

## 3.4 원기둥(cylinder)

■ **cylinder**([r], [h], [detailX], [detailY], [bottomCap], [topCap])

cylinder()는 원기둥을 그리는 함수 입니다. r은 반지름, h는 높이, detailX, deatailY는 세분면을 의미하며, bottomCap과 topCap은 원기둥의 윗면과 밑면을 그릴 것인가(1), 그리지 않을 것인가(0) 결정하는 인수입니다. 다음은 원기둥을 2방향으로 회전시킨 것입니다. 실행한 결과를 보면 윗면과 밑면이 뚫려있는 것을 볼 수 있습니다.

```
sketch.js
 let i=0;
 function setup(){
   createCanvas(500, 400, WEBGL);
 }

 function draw(){
   background('#AADD00')
   rotateX(frameCount * 0.2);
   rotateY(frameCount * 0.1);
   cylinder(100, 150, 24, 3, 0, 0);
 }
```

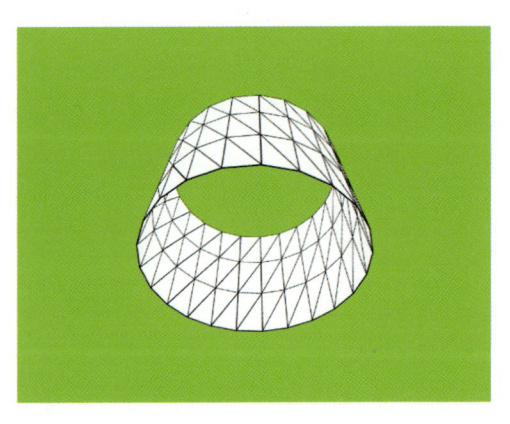

## ■ frameRate( )
## ■ frameRate(fps)
## ■ frameCount

frameRate()는 1초당 실행되는 프레임(frame)의 수치(fps)를 알려주는 함수입니다. 프레임이란 draw() 함수에 의해 처리된 결과를 화면에 출력하는 것을 1프레임이라고 합니다. draw() 함수가 1초에 30번 반복되면 30 frame이 되는 것입니다. 기본 설정값은 60fps입니다. 따라서 frameRate(10)와 같이 fps를 변경하고 싶을 때 사용합니다. 인수 없이 사용하면 현재의 fps를 알려주고, 인수를 지정하면 fps를 설정합니다. 최곳값은 60fps입니다. 만일 컴퓨터 성능이 부족할 경우에는 이 fps는 원하는 성능을 보여주진 않습니다. frameRate(30)으로 설정했다고 가정하면 1초에 발생하는 frame은 0~29까지 일 것입니다. 이러한 각각의 프레임을 frameCount로 셀 수 있습니다. 즉, 현재의 프레임 갯수를 의미합니다. 참고로 frameCount는 시스템에서 발생하는 값을 담는 변수(시스템 변수)입니다.

## 3.5 원뿔(cone)

## ■ cone([r], [h], [detailX], [detailY], [Cap])

cone() 함수는 원뿔입니다. r은 반지름, h는 높이, detailX, detailY는 세분면, cap은 밑면을 닫을 것인가(1), 뚫을 것인가(0) 결정하는 인수입니다.

```
sketch.js
function setup(){
   createCanvas(500, 400, WEBGL);
}

function draw(){
   background('#AADD00');
   rotateX(-0.4);
   rotateY(millis()/1000);
   cone(150, 200, 24, 3, 0);
}
```

## ■ millis( )

millis() 함수는 프로그램이 시작된 후 시간을 밀리초 단위로 알려줍니다. 밀리초는 1/1000초 입니다. 따라서 100이라는 시간이 측정되었다면 프로그램이 시작된 후 0.1초가 지났다는 의미입니다.

## 3.6 타원체(ellipsoid)

■ ellipsoid([rx], [ry], [rz],[detailX], [detailY])

ellipsoid() 함수는 타원체라고 하는데 타원형의 구체를 의미합니다. sphere() 함수와 큰 차이는 없습니다. 다만 x축의 반지름과 y축의 반지름, z축의 반지름이 다르다는 차이일 뿐입니다. rx, ry, rz가 그것입니다.

**sketch.js**
```
function setup() {
  createCanvas(500, 400, WEBGL);
}
function draw() {
  background("#AAEE00");
  rotateX(millis() / 1000);
  ellipsoid(100, 120, 100);
}
```

## 3.7 원환체(torus)

■ torus([r], [tubeRadius], [detailX], [detail[Y])

torus() 함수는 원환체라고 합니다. 이런 어려운 명칭보다는 도넛 모양이나 타이어 튜브 모양이라고 하는게 이해가 빠를 것 같습니다. r은 원형체 전체의 반지름, tubeRadius는 튜브 형태 부분의 반지름의 길이 입니다. detailX, detailY의 최대값은 24와 16입니다.

**sketch.js**
```
function setup(){
  createCanvas(500, 400, WEBGL);
}

function draw(){
  background('#AAEE00');
  rotateY(millis() / 1000);
  torus(100, 40, 5, 3);
}
```

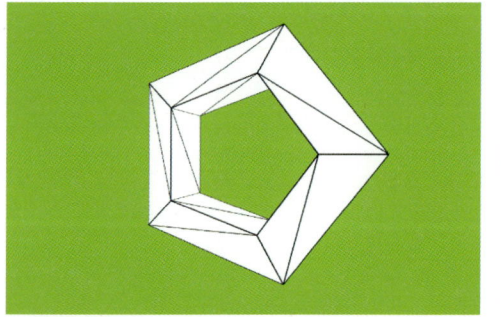

## 3.8 3D.obj 파일 불러오기

■ **loadModel**(path, normalize, [successCallback], [failureCallback], [fileType])

■ **model**(model)

　loadModel() 함수는 3D 파일인 OBJ 파일을 컴퓨터의 메모리에 불러들이는 함수입니다. 이때 파일의 크기가 크다면 불러오는데 약간의 시간이 필요하게 되므로, 완전히 로딩이 되지 않은 상태에서 화면 출력과 같은 함수를 실행하면 아무것도 나타나지 않거나, 에러 메시지가 출력됩니다. 따라서 파일을 메모리에 완전히 로드가 된 후에 프로그램이 실행되도록 처리해야 합니다. 파일을 메모리에 로드하기 위해서는 preload() 함수 안에서 loadModel() 함수를 사용하는 것이 좋습니다. 3D 파일 뿐만 아니라, 사운드 파일, 이미지 파일, 영상 파일과 같은 것들도 preload() 함수 안에서 실행하여 용량이 큰 파일을 미리 메모리에 로딩하는 것이 좋습니다. model() 함수는 loadModel() 함수에 의해 메모리에 불러들인 3D 모델을 캔버스에 출력하는 함수입니다. 이렇게 그림을 그리는 것을 렌더링한다고 표현합니다. OBJ파일과 같은 3D 파일들은 파일을 불러오는 소프트웨어에 따라 크기가 달라집니다. 따라서 화면에 출력된 3D 객체가 너무 작게 나타나거나 아예 보이지 않는 경우도 있습니다. 보이지 않는 상태라면 loadModel('xxx.obj', true)와 같이 true 옵션을 사용하도록 합니다. 화면에 나타나는 모델의 크기가 너무 작다면 scale() 함수를 사용할 수도 있습니다.

```
sketch.js
let obj;

function preload(){
  obj = loadModel('sword.obj');
}

function setup(){
  createCanvas(500, 400, WEBGL);
}

function draw(){
  background('#AADD00');
  rotateX(millis() / 1000);
  rotateY(millis() / 1000);
  scale(5);
  model(obj);
}
```

■ scale(s, [y], [z])

scale() 함수는 도형의 크기를 키우거나 줄이는 역할을 하며, s는 배율입니다. 위의 코드에서 scale(5)라고 한 것은 원래 이미지를 5배로 키운다는 의미입니다.

다음은 3D모델링 프로그램인 FUSION360으로 사용자가 직접 모델링한 파일을 로드해 보도록 하겠습니다. 아래와 같은 알람시계를 3D로 그려보았습니다. 두 번째 이미지는 렌더링한 결과입니다. 이를 OBJ파일로 저장한 것입니다.

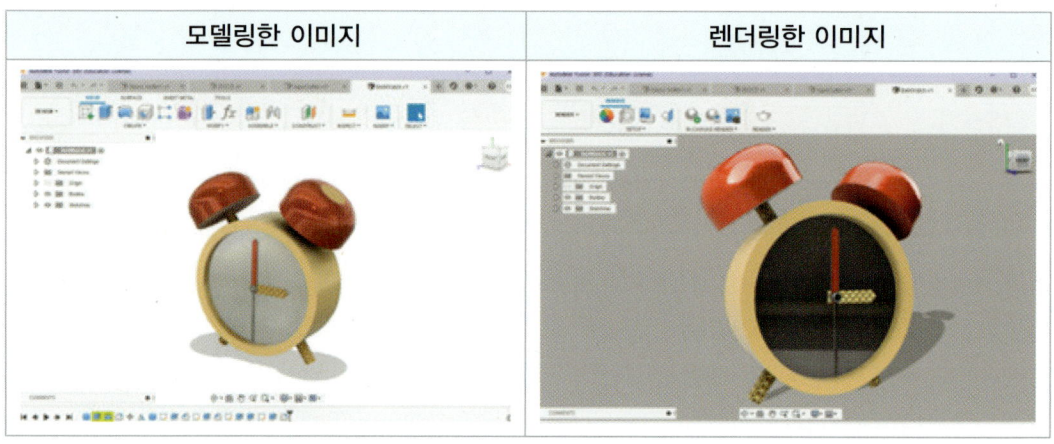

sketch.js
```
let obj;
let y=0;

function preload(){
  obj = loadModel('data/clock.obj');
}

function setup() {
  createCanvas(400, 400, WEBGL);
  frameRate(6);
}

function draw() {
  background(220);
  scale(1,1);
  rotateX(3,0);
  rotateY(frameCount*0.2);
  normalMaterial();
  model(obj);
}
```

# 04 이미지 처리와 애니메이션

## 4.1 도형의 움직임

여기에서는 도형의 움직임을 구현해 보면서 애니메이션의 원리를 파악해 보고자 합니다. 애니메이션을 이해하면 간단한 게임 구현 기법도 이해할 수 있을 것입니다. 우선 도형의 움직임을 이해하기 위해서는 frame(프레임)을 알아야 합니다. p5.js의 draw()는 무한반복 되는 함수입니다. 따라서 반복되는 주기가 있을 것 이라는 것을 이해할 수 있을 것입니다.

결론부터 설명하면 draw() 함수는 1초당 60번을 반복합니다. 이를 프레임이라고 합니다. 1초에 60프레임이 반복된다는 것을 60fps로 draw() 함수가 반복 실행 된다고 표현합니다. frameRate() 함수로 초당 프레임 수는 변경할 수 있으며 가장 빠른 것이 60fps입니다. 물론 이 수치는 컴퓨터 성능이 받쳐줘야 가능합니다. 60fps는 1초에 60번의 이미지(draw() 함수에 포함된 모든 것)를 그려졌다 지운다는 의미와 같습니다.

```
sketch.js
let x=0, y=200;

function setup(){
  createCanvas(500, 400);
}

function draw(){
  background(150);
  ellipse(x, y, 50);
}
```

위 코드는 화면 가로(x=0), 세로(y=200)의 위치에 원을 하나 그리는 코드입니다. 우리 눈에 보이는 것은 하나의 그림이 그려져 있을 뿐이지만, 컴퓨터 입장에서는 1초에 60번의 배경과 그 위에 지름이 50인 원을 그리고 있습니다.

위 코드는 아래 코드와 비교해 볼 수 있습니다. 아래 두 코드는 실행 장면에서 위의 코드와 크게 차이가 없습니다. 그러나 코드가 실현되는 알고리즘이 위의 코드와 다릅니다.

```
sketch.js
  let x=0, y=200;

  function setup(){
    createCanvas(500, 400);
    background(150);
    ellipse(x, y, 50);
  }
```

```
  function setup(){
    createCanvas(500, 400);
  }

  function draw(){
    background(150);
    ellipse(0, 200, 50);
  }
```

왼쪽 코드의 경우, setup() 함수에 들어가 있어 반복 없이 한 번만 화면 가로(x=0), 세로(y=200) 의 위치에 원을 하나 그리는 코드입니다.

오른쪽 코드의 경우 변수를 설정하지 않고 원에 직접 좌표를 설정해 주었습니다. 앞선 코드에서 x좌표, y좌표를 변수로 설정한 이유는 움직이는 원 코드를 만들기 위한 준비 과정입니다.

위 코드를 다음과 같이 수정해 봅시다. 이번에는 원을 움직이도록 코드를 작성해 봅시다. 화면 가로(x=0), 세로(y=200)의 위치에 생긴 원이 오른쪽으로 1씩 움직이는 코드입니다.

```
sketch.js
  let x=0;
  let y=200;

  function setup(){
    createCanvas(500, 400);
  }

  function draw(){
    background(150);
    ellipse(x, y, 50);

    x++;          // x=x+1를 표현한 축약형 계산식입니다.
  }
```

위 코드를 실행해보면 원이 오른쪽으로 움직이는 것처럼 보이나 실제로는 그려진 원이 움직이는 것이 아닙니다. 화면 가로(x=0), 세로(y=200)의 위치에 원을 하나 그립니다. 그 다음 배경이 다시 그려지고 x좌표가 1 이동한 화면 가로(x=1), 세로(y=200)의 위치에 원을 하나 그립니다.

이것을 확인해보기 위해서는 아래와 같이 코드를 수정해봅시다. 아래 코드는 background(150) 를 setup() 함수로 이동시켜 배경을 한 번만 그리고 그 위에 x좌표를 1씩 이동하며 원을 하나씩 그립니다.

```
sketch.js
let x=0;
let y=200;

function setup(){
  createCanvas(500, 400);
  background(150);
}

function draw(){
  ellipse(x, y, 50);
  x++;
}
```

아래와 같이 x좌푯값을 5씩 증가하면 5배 정도 빠르게 원이 움직일 것입니다.

```
sketch.js
let x=0, y=200;

function setup(){
  createCanvas(500, 400);
}

function draw(){
  background(150);
  ellipse(x, y, 50);
  x+=5;          // x=x+5를 축약형으로 표현한 계산식입니다.
}
```

이번에는 frameRate() 함수를 조절하여 속도를 느리게 해봅시다.

```
sketch.js
let x=0, y=200;

function setup(){
  createCanvas(500, 400);
  frameRate(6);     // 초당 6 프레임 설정
}

function draw(){
  background(150);
  ellipse(x, y, 50);
  x+=5;
}
```

위 코드에서는 frameRate(6)으로 설정함으로써 6fps 속도로 프레임이 실행됩니다. 따라서 원이 이동하는 속도가 60fps에 비하여 1/10로 느려집니다. 동시에 원의 이동이 끊어지면서 부자연스럽습니다. 자연스러운 움직임을 표현하기 위해서는 픽셀의 이동 거리를 짧게 하고, fps를 높이는 것이 좋습니다. 그러나 복잡한 코드를 수행할 경우에는 두 가지 조건을 적절히 조절해야 할 필요도 있을 것입니다.

## 4.2 캔버스 안에서 볼 바운스

앞 단원의 원을 이동하면 캔버스 밖으로 사라지는 상황이 발생하는데 원을 캔버스 내에서만 움직이도록 해 봅시다. 우선 좌우 이동만 캔버스 내로 제한해 봅니다.

```javascript
// sketch.js
let x=100, y=200, d=50, speed=5;

function setup(){
  createCanvas(500, 400);
}

function draw(){
  background(150);
  ellipse(x, y, d);
  if( x < 0 || x > width){
    speed*=-1;        // 5 또는 -5가 된다.
  }
  x += speed;
}
```

위에서 'speed*=-1'은 원래 움직이던 방향에서 반대 방향으로 방향이 바뀜을 의미합니다. 방향의 전환은 왼쪽 벽에 닿았을 때(x좌표가 0보다 작을 때) 혹은 오른쪽 벽에 닿았을 때(x좌표가 캔버스 너비인 width보다 클 때) 일어납니다. 원의 중심인 x좌표가 0 보다 작을 때 속도가 -5이었다가 +5가 되며, x좌표가 캔버스의 너비인 width 보다 크면 +5였던 속도가 -5가 됩니다. 따라서 원의 중심을 기준으로 캔버스 끝에 도달하면 방향이 바뀌고 바뀐 방향은 계속 유지되다가 반대쪽 캔버스에 닿으면 반대 방향으로 바뀝니다.

원의 중심이 아닌 원의 가장자리 부분이 캔버스의 끝에 닿았을 때로 수정하면 다음과 같이 코드를 변경합니다.

**sketch.js**

```
let x=100, y=200, d=50, speed=5;

function setup(){
  createCanvas(500, 400);
}

function draw(){
  background(150);
  ellipse(x, y, d);
  if( x < 0+d/2 || x > width-d/2){
    speed*=-1;          // 5 또는 -5가 된다.
  }
  x += speed;
}
```

왼쪽 벽에 닿은 경우는 원의 중심인 x좌표가 0보다 반지름(d/2)만큼 커야 하고 오른쪽 벽에 닿은 경우는 x좌표가 width보다 반지름(d/2)만큼 작아야 합니다.

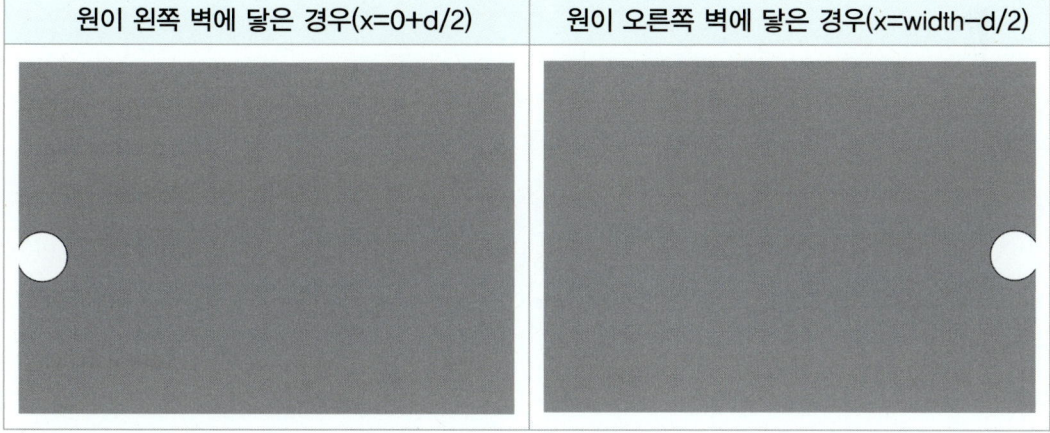

이번에는 y좌표도 이동시켜 봅시다.

```
sketch.js
let x=100;
let y=200;
let d=50;
let speedX = 5, speedY = 6;

function setup(){
  createCanvas(500, 400);
}

function draw(){
  background(150);
  ellipse(x, y, d);
  if( x < 0+d/2 || x > width-d/2){
    speedX*=-1;        // 5 또는 -5가 된다.
  }
  if( y < 0+d/2 || y > height-d/2){
    speedY *= -1;      // 6 또는 -6가 된다.
  }
  x += speedX;
  y += speedY;
}
```

좌우 벽에 닿았을 때에는 x좌표의 이동 방향이 바뀌고 상하 벽에 닿았을 경우에는 y좌표의 이동 방향이 바뀌어야 합니다. x좌표의 속도와 y좌표의 속도가 다르고 x좌표의 이동 방향과 y좌표의 이동 방향이 바뀌는 시점을 다르게 하기 위해 speedX와 speedY를 달리 설정해 줍니다. 이렇게 해서 원이 캔버스 내에서 벽에 닿으면 튕기도록 코딩을 해 보았습니다. 이렇게 프레임별로 배경을 그리고 원을 그리기를 반복하는 것이 애니메이션의 기본 구조입니다.

## 4.3 마우스 이벤트

마우스 드래그(마우스 버튼을 누른채 이동하는 이벤트)하면 그림이 그려지는 효과를 만들어 봅시다.

```
sketch.js
function setup(){
  createCanvas(500, 400);
  background(150);
}
function draw(){
  fill(255, 255, 0);
  noStroke();
  if(mouseIsPressed){
    circle(mouseX, mouseY, 20);
  }
}
```

■ **mouseIsPressed**

마우스 이벤트란 마우스를 움직이거나, 마우스 버튼을 클릭하는 등의 행위를 말합니다. 그중 mouseIsPressed는 마우스 버튼을 클릭했는지를 true, false와 같은 형태로 알려주는 불리언(Boolean) 시스템 변수(함수가 아님)입니다. 마우스 버튼을 누른 채로 움직이면 마우스가 눌려 있는 동안 마우스가 지나간 점을 중심으로 원이 그려지며 위와 같은 그림을 그릴 수 있습니다.

이번에는 이미 그려진 그림을 지우는 기능을 추가해 봅시다. 그림 그리기는 마우스 왼쪽 버튼에, 그림 지우기는 마우스 오른쪽 버튼 클릭 이벤트로 다음과 같이 처리할 수 있습니다.

```
sketch.js
function setup(){
  createCanvas(500, 400);
  background(150);
}

function draw(){
  fill(255, 255, 0);
  noStroke();
  if(mouseIsPressed){
    if(mouseButton==LEFT){
      circle(mouseX, mouseY, 20);
    }else if(mouseButton==RIGHT){
      background(150);  //clear() 로 변경하여 실행해봅시다.
    }
  }
}
```

■ mouseButton
■ clear()

　mouseButton은 마우스 이벤트 중 버튼을 클릭했을 때 왼쪽 버튼과 오른쪽 버튼, 가운데 휠버튼을 구분하는데 사용하는 시스템 변수입니다. 결괏값은 LEFT, RIGHT, CENTER로 나타납니다.

　위의 코드 중에서 마우스 오른쪽 버튼을 클릭하면 배경이 다시 그려집니다. clear()라는 함수도 있는데 캔버스에 그려진 그림을 지우는 함수입니다. background()는 지정된 색 정보로 배경을 그리기 때문에 결과적으로 그려진 그림을 덮어씌우며 지우는 역할을 하지만, clear() 함수는 말 그대로 모든 것을 지웁니다. 따라서 배경색마저 지우게 되어 배경이 투명하게 됩니다. 투명하게 된다는 의미는 웹브라우저 바탕의 색이 그대로 나타나게 된다는 뜻입니다. 웹브라우저의 바탕색(body-color)이 흰색이면 하얗게, 검정색이면 검정색으로 나타난다는 뜻입니다.

　마우스를 위와 같이 코드 중간 중간 마우스 이벤트를 체크하며 작업을 수행할 수도 있지만, 대부분은 별도의 함수를 사용하여 마우스를 클릭했을 경우에만 실행시키는 방법을 사용하는게 바람직합니다. p5.js에는 이러한 마우스 이벤트를 독립적인 함수로 처리할 수 있도록 지정된 마우스 이벤트 전용 함수가 있습니다.

```
sketch.js
function setup(){
  createCanvas(500, 400);
  background(150);
}

function draw(){
}

function mouseDragged(){
  fill(255, 255, 0);
  noStroke();
  if(mouseButton==LEFT){
    circle(mouseX, mouseY, 20);
  }
}

function mousePressed(){
  if(mouseButton==RIGHT){
    background(150);
  }
}
```

- **mouseDragged()**
- **mousePressed()**
- **mouseReleased()**

mouseDragged()는 마우스를 드래그하면 호출되는 함수입니다. 또한 mousePressed()는 마우스를 클릭했을 때 호출되는 함수입니다. 어떤 버튼을 눌렀는지는 mouseButton 이라는 시스템 변수를 확인해야 합니다. 이외에도 마우스 이벤트와 관련된 함수가 다양합니다. 특히 mousePressed() 함수와 mouseReleased() 함수는 둘 다 한국식으로 표현하면 마우스를 클릭했을 때이지만 구분해야 합니다. mousePressed() 함수는 버튼을 누르는 순간을 의미하고, mouseReleased() 함수는 버튼을 누른 후 버튼에서 손가락을 떼어 놓는 순간을 의미합니다.

- **mouseClicked()**

mouseClicked() 함수도 mousePressed() 함수, mouseReleased() 함수와 비슷하게 사용할 수 있습니다. mouseClicked() 함수는 mousePressed() 함수, mouseReleased() 함수와는 달리 마우스 왼쪽 버튼에만 사용할 수 있습니다. 따라서 마우스 오른쪽버튼도 사용하고자 한다면 mousePressed() 함수나 mouseReleased() 함수를 사용해야 합니다.

- **doubleClicked()**

doubleClicked() 함수는 더블 클릭을 감지할 때마다 실행됩니다.

```
sketch.js
let value = 0;
function draw() {
  fill(value);
  rect(25, 25, 50, 50);
}

function doubleClicked() {
  if (value === 0) {
    value = 255;
  } else {
    value = 0;
  }
}
```

더블 클릭을 할 때마다 사각형의 색이 검정색에서 흰색으로, 흰색에서 검정색으로 바뀝니다.

- **movedX**
- **movedY**

movedX 시스템 변수는 직전 프레임 이후의 마우스의 수평 이동을 담고 movedY 시스템 변수는 직전 프레임 이후 의 마우스의 수직 이동을 담습니다.

```
sketch.js
let x = 250;
function setup() {
  rectMode(CENTER);
  createCanvas(500,400);
}
function draw() {
  if (x > width/2) {
    x -= 5;
  } else if (x < width/2) {
    x += 5;
  }
  x += movedX;
  background(237, 34, 93);
  fill(0);
  rect(x, height/2, 50, 50);
}
```

위 코드는 마우스가 어느 위치에서든지 그 위치에서 오른쪽으로 움직이면 움직임의 방향성을 읽어 사각형도 오른쪽으로 이동하고 현재 위치에서 왼쪽으로 움직이면 사각형 또한 왼쪽으로 움직이도록 합니다. 그런 다음 서서히 다시 화면의 중앙으로 사각형이 이동하도록 작성합니다. 이렇게 movedX와 movedY는 움직인 방향과 크기를 읽어 그 값을 활용합니다.

- pmouseX
- pmouseY

시스템 변수 pmouseX는 직전 프레임에서의 마우스 x좌표를 담고 pmouseY는 직전 프레임에서의 마우스 y좌표를 담습니다. 매번 프레임이 바뀔 때 마다 pmouseX의 값은 전 프레임의 mouseX로 값이 리셋 되고 pmouseY의 값은 전 프레임의 mouseY로 값이 리셋됩니다.

```
sketch.js
function setup() {
  createCanvas(500,400);
  frameRate(10);    //움직임을 관찰하기 위해 프레임의 속도를 늦춘다.
}function draw() {
  background(244, 248, 252);
  line(mouseX, mouseY, pmouseX, pmouseY);
}
```

## 4.4 키보드 이벤트

이번 단원에서는 키보드를 이용하여 도형을 움직이는 코드를 작성해보고자 합니다. 키보드의 방향키를 이용하여 원을 상하좌우로 움직이려고 합니다. 이 코드를 활용하면 이미지도 로드하여 방향키에 따라 이동시킬 수 있을 것입니다.

sketch.js
```
let x = 300, y = 200;

function setup() {
  createCanvas(600, 400);
}

function draw() {
  background(150);
  ellipse(x,y,30,30);
}

function keyPressed(){
  if(keyCode==LEFT_ARROW){
    x -= 5;
  }else if(keyCode==RIGHT_ARROW){
    x += 5;
  }else if(keyCode==UP_ARROW){
    y -= 5;
  }else if(keyCode==DOWN_ARROW){
    y += 5;
  }
}
```

- keyPressed()
- keyReleased()

이 코드에서 keyPressed() 함수는 키보드를 눌렀을 때 동작하는데 예를 들어 누른 키가 LEFT_ARROW(왼쪽 화살표)라면 원의 x좌표가 5씩 감소합니다. 코드를 실행한 후 키보드 방향키를 활용하여 원을 움직여보면 불편함을 느낄 것입니다. 방향키를 한번 누를 때마다 한 번씩만 동작하기 때문에 가로 중앙점에서 가로 한쪽 끝까지 가려면 무려 60번이나 눌러야 합니다. keyPressed()는 이렇게 키보드를 한 번 누르면 한 번만 실행되는 함수입니다. 키보드 이벤트에도 키에서 손을 뗄 때 실행되는 keyReleased() 라는 함수도 있습니다.

그러면 키보드의 키를 누르고 있는 동안 연속적으로 실행되는 코드를 알아봅시다.

```
sketch.js
let x = 300, y = 200;

function setup() {
  createCanvas(600, 400);
}

function draw() {
  background(150);
  ellipse(x,y,30,30);
   if (keyIsDown(LEFT_ARROW)) {
    x -= 5;
  } else if (keyIsDown(RIGHT_ARROW)) {
    x += 5;
  } else if (keyIsDown(UP_ARROW)) {
    y -= 5;
  } else if (keyIsDown(DOWN_ARROW)) {
    y += 5;
  }
}
```

■ keyIsDown()

keyIsDown() 함수는 키보드의 해당 키가 눌려져 있는지 불리언값으로 판단하여 true와 false를 반환하는 함수입니다. 만약에 LEFT_ARROW(왼쪽화살표)가 눌려 있는 상태라면 그동안은 원의 x좌표가 계속 5씩 감소할 것입니다.

## 4.5 이미지파일 불러오기

이번 단원에서는 이미지 파일들을 불러오는 방법을 알아봅시다. 이미지 파일은 JPEG(JPG), PNG 와 같은 일반적으로 사용하는 이미지 파일들이지만, 이미지 파일을 사용하기 위해서는 이미지 로딩 과정의 이해가 필요합니다. 우선 p5.js는 자바스크립트에 기반을 둔 언어이며, 웹브라우저 상에서 동작하는 웹프로그래밍 언어입니다. 따라서 이미지 파일은 웹서버의 어딘가에 존재해야 합니다. 여기에서는 p5.js의 클라우드에 파일을 업로드한 다음 코드에서 불러와 봅시다. 업로드할 이미지는 아래와 같이 'bird.jpg'로 하겠습니다.

04 이미지 처리와 애니메이션  55

[출처: https://pixabay.com/]

p5.js 에디터 상의 화면 좌측 상단의 < 를 클릭하면 내가 작업하고 있는 클라우드 공간의 파일 리스트를 볼 수 있습니다. 여기에 이미지 파일을 업로드 합니다.

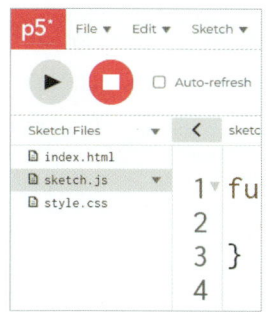 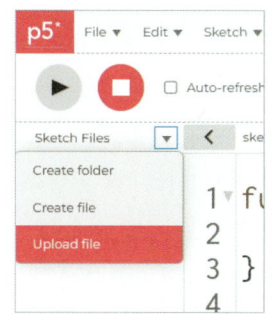 

파일의 용량이 5MB 이상이면 업로드에 제한이 있다는 점에 유의합니다. 용량 제한이 있어 큰 파일 처리는 어렵지만 무료로 이용하고 있는 입장에서 이 정도도 만족하며 사용합시다. 특히, 영상파일 같은 것을 처리하기에는 아주 부족하기에 아쉽기는 합니다.

※ 용량이 큰 파일을 사용할 때는 웹에디터가 아닌 VSCODE와 같은 편집기를 사용하면 됩니다.

이젠 p5.js 에서 이 파일을 요리하는 일만 남았습니다. 이미지를 처리하기 위해서는 우선 저장소(여기에서는 클라우드)에 있는 파일을 내 컴퓨터의 메모리에 불러들여야 합니다.

■ **loadImage**(path, [successCallback], [failureCallback])
■ **image**(img, x, y, [w], [h])

loadImage()는 이미지 파일을 내 컴퓨터의 메모리에 불러오는 함수입니다. 메모리에 있는 이미지는 언제든지 불러와서 출력하거나 가공할 수 있습니다. path는 이미지 파일의 경로와 파일명을 뜻합니다. successCallback이란 이미지 파일이 순조롭게 로드되면 자동으로 실행되는 함수를 의미하고, failureCallback은 파일이 없거나 어떤 문제로 이미지 로드가 실패하면 실행되는 함수를 뜻합니다.(보통은 생략할 수 있습니다.) image() 함수는 로드된 이미지를 캔버스에 출력하는 함수입니다. 변수 img는 메모리에 로드된 이미지를 의미하며, x, y는 출력할 좌표, w, h는 출력시 이미지의 크기를 지정하는 인수입니다. 이때 w, h를 생략하면 이미지의 원래 사이즈로 출력됩니다.

```
sketch.js
 let img;

 function setup(){
   createCanvas(500, 400);
   img = loadImage('bird.jpg');
   image(img, 0, 0);
 }
```

논리적으로 문제가 없기 때문에 에러는 발생하지 않지만 캔버스에는 어떤 이미지도 출력되지 않습니다. 이유는 loadImage('bird.jpg') 함수가 이미지를 찾아 메모리에 불러오면서 바로 다음 라인의 image(img, 0, 0)을 수행하면서 벌어지는 문제입니다. 메모리에 'bird.jpg'가 로드 되는데는 물리적인 시간이 필요합니다. 아직 메모리에 로드가 되기 전에 image(img, 0, 0)을 수행하면 img 파일을 불러올 수 없기 때문에 아무것도 나타나지 않는 것입니다. 이런 함수들끼리의 불일치 상황을 동기, 비동기라는 표현을 사용합니다. 여기에서는 loadImage()와 image()가 비동기화 된 것입니다. 이러한 문제를 해결하기 위해서 p5.js에서는 preload()함수를 사용하여 필요한 파일들을 로딩하는 방법을 권장합니다.

```
sketch.js
 let img;
 function preload(){
     img = loadImage('bird.jpg');
 }

 function setup(){
   createCanvas(img.width, img.height);
   image(img, 0, 0);
 }
```

위와 같이 preload() 함수를 사용하여 구현할 수 있습니다. 또한 img.width와 img.height를 사용하면 이미지의 크기에 따라 캔버스 화면의 크기를 조절할 수 있습니다.

## 4.6 이미지 드롭박스

이번 단원에서는 내 컴퓨터의 이미지를 마우스 드래그와 드롭을 통해서 코드에 업로드해 볼 수 있는 방법을 알아보고자 합니다. 프로그램에서 '이미지 불러오기'의 경우 이미지를 웹서버에 업로드하고 웹서버에 있는 이미지 파일을 출력하는 방식입니다. '이미지 드롭박스'는 내 컴퓨터의 이미지를 웹브라우저에서 처리하는 방식입니다.

```js
// sketch.js
let dropBox;
let img ;

function setup() {
  dropBox = createCanvas(200, 200);
  background(100);
  dropBox.drop(gotFile)
}

function gotFile(file){
  img = createImg(file.data,"","",image_OK);
  console.log(file);
}

function image_OK(){
  resizeCanvas(img.width, img.height);
  image(img,0,0);
}
```

위 코드는 생성 되어 있는 캔버스에 사진을 드래그앤드롭으로 가져오면 gotFile() 함수가 실행됩니다. gotFile() 함수가 실행되면 콘솔에 해당 이미지 파일에 대한 정보가 기록되며 콘솔을 통해 파일의 종류와 이름, 크기 등을 알 수 있습니다. resizeCanvas() 함수는 캔버스의 크기를 이미지의 크기에 맞게 재조정하여 이미지의 가로·세로 비율이 맞도록 해줍니다.

◼ **drop**(callback,[fxn])

drop() 함수는 캔버스의 내부 함수로 캔버스에 드롭 이벤트가 발생하면 callback 함수를 실행하게 됩니다.

◼ **createImg**(src, alt)

createImg() 함수는 웹페이지에 이미지를 나타내도록 하는 함수입니다. 이미지를 드롭할 때마다 캔버스 아래에 이미지가 나타납니다. 또한 image() 함수에 의해 캔버스에도 이미지가 나타나는 것을 확인해볼 수 있습니다. src는 이미지가 있는 주소를 의미합니다. alt는 이미지가 불러오지 못한 경우에 사용하는 대체 문자열입니다.

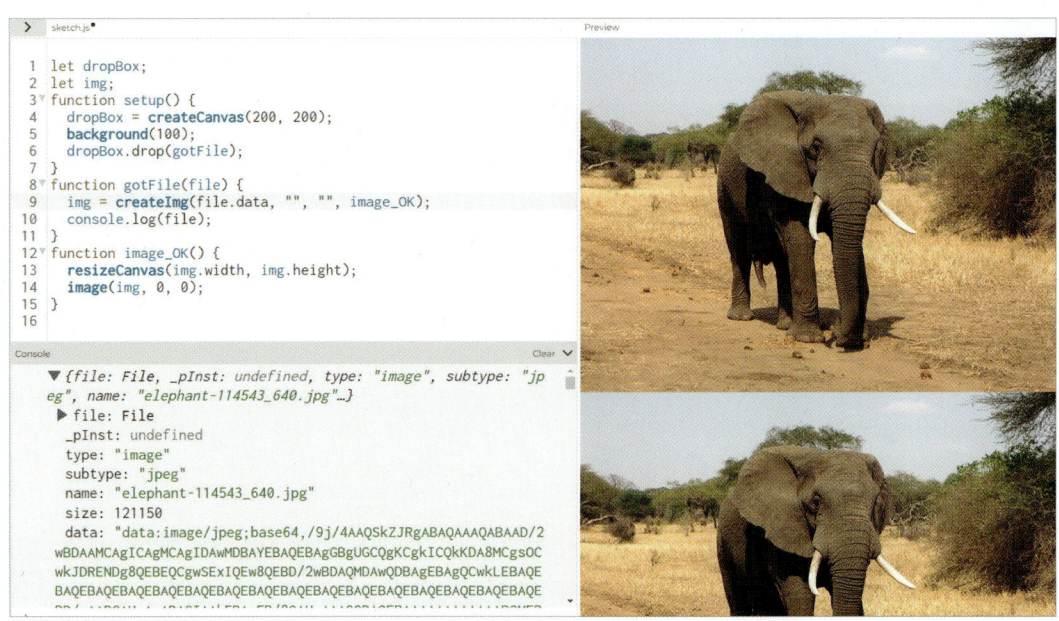

## 4.7 도형의 거리와 충돌

이제 2개의 원을 그릴 것입니다. 이 2개의 원은 항상 이동하면서 서로 간의 거리도 측정할 것입니다. 더불어 두 원의 충돌 여부도 확인할 것입니다. 원 2개가 충돌하는 것을 응용하면 게임에서는 미사일이 비행기를 격추시키는 것도 가능할 것이며, 블록깨기 게임에서는 공을 튕기거나 블록을 파괴하는 것도 구현할 수 있을 것입니다. 기본 원리(알고리즘) 이해가 중요하다는 것을 알 수 있습니다.

**sketch.js**

```
let x1=200, y1=150, d1=90, xs1=4, ys1=4;
let x2=400, y2=250, d2=40, xs2=7, ys2=7;

function setup(){
  createCanvas(500, 400);
}

function draw(){
  background(100);
  circle(x1, y1, 90);
  circle(x2, y2, 50);
  line(x1, y1, x2, y2);

  if(x1 < 0+d1/2 || x1 > width-d1/2){
    xs1 *= -1;
  }
  if(y1 < 0+d1/2 || y1 > height-d1/2){
    ys1 *= -1;
  }
  if(x2<0 + d2/2 || x2 > width-d2/2){
    xs2 *= -1;
  }
  if(y2 < 0+d2/2 || y2 > height-d2/2){
    ys2 *= -1;
  }

  x1 += xs1;
  y1 += ys1;
  x2 += xs2;
  y2 += ys2;
}
```

도형의 움직임에서 사용했던 코드를 이용하여 2개의 원이 움직이는 코드를 만들었습니다. 이 코드에 2개의 원의 거리를 측정하여 화면 좌측 상단에 표시해 봅시다.

**sketch.js**

```
let x1=200, y1=150, d1=90, xs1=4, ys1=4;
let x2=400, y2=250, d2=40, xs2=7, ys2=7;

function setup(){
  createCanvas(500, 400);
}

function draw(){
  background(100);
  circle(x1, y1, 90);
  circle(x2, y2, 50);
  line(x1, y1, x2, y2);
  충돌();
  if(x1 < 0+d1/2 || x1 > width-d1/2){
    xs1 *= -1;
  }
  if(y1 < 0+d1/2 || y1 > height-d1/2){
    ys1 *= -1;
  }
  if(x2<0 + d2/2 || x2 > width-d2/2){
    xs2 *= -1;
  }
  if(y2 < 0+d2/2 || y2 > height-d2/2){
    ys2 *= -1;
  }
  x1 += xs1;
  y1 += ys1;
  x2 += xs2;
  y2 += ys2;
}

function 충돌(){
  let distance = round(dist(x1, y2, x2, y2));
  fill(255);
  textSize(16);
  text('두 원의 거리: '+distance, 10, 20);
}
```

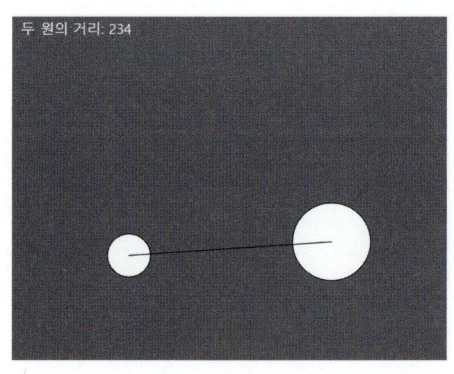

이제 두 원의 거리도 측정했으니 충돌 여부를 확인해 봅시다. 충돌이란 이 두 원의 거리를 이용합니다. 첫 번째 원의 반지름과 두 번째 원의 반지름을 더해 봅시다. 이 반지름을 더한 것 보다 두 원의 거리가 같거나 짧으면 충돌한 것이고, 두 원의 거리가 멀면 충돌이 아닌 것으로 판단합니다. 이것을 코드로 구현해 봅시다.

## sketch.js

```javascript
let x1=200, y1=150, d1=90, xs1=4, ys1=4;
let x2=400, y2=250, d2=40, xs2=7, ys2=7;
function setup(){
  createCanvas(500, 400);
}

function draw(){
  background(100);
  circle(x1, y1, 90);
  circle(x2, y2, 50);
  line(x1, y1, x2, y2);
  충돌();
  if(x1 < 0+d1/2 || x1 > width-d1/2)
    xs1 *= -1;
  if(y1 < 0+d1/2 || y1 > height-d1/2)
    ys1 *= -1;
  if(x2<0 + d2/2 || x2 > width-d2/2)
    xs2 *= -1;
  if(y2 < 0+d2/2 || y2 > height-d2/2)
    ys2 *= -1;
  x1 += xs1,  y1 += ys1,  x2 += xs2,  y2 += ys2;
}

function 충돌(){
  let distance = round(dist(x1, y2, x2, y2));
  fill(255);
  textSize(16);
  text('두 원의 거리: '+distance, 10, 20);
  if(distance <= (d1+d2)/2){
    fill(255,0,0);
    xs1 *= -1, ys1 *= -1, xs2 *= -1, ys2 *= -1;
  } else {
    fill(255);
  }
}
```

앞의 코드에서 충돌() 함수 부분만 코드를 추가하였습니다. 두 원의 거리가 반지름을 더한 것과 같거나 작으면 충돌이라고 판단하여 원을 반대 방향으로 튕기게 하고, 더불어 색도 빨강으로 변하도록 했습니다. 반대로 충돌이 아니면 원을 흰색으로 그리도록 했습니다

# 05 사운드와 비디오, 웹캠 영상

## 5.1 MP3 플레이어 만들기

[출처: https://www.pixabay.com/]

개인적으로 좋아하는 노래를 가지고 MP3 플레이어를 만들어 보면서 p5.js의 사운드 라이브러리 사용법을 익혀 보도록 하겠습니다. (여기에서는 기타를 연주하는 사진과 What a wonderful world의 mp3 파일을 p5.js 웹에디터에 저장하였습니다. 사용자가 좋아하는 음악파일을 이용하시면 됩니다.)

```
<script src="https://cdnjs.cloudflare.com/ajax/libs/p5.js/1.5.0/p5.js"></script>
<script
  src="https://cdnjs.cloudflare.com/ajax/libs/p5.js/1.5.0/addons/p5.sound.min.js">
</script>
```

index.html에 라이브러리를 불러오는 방법을 살펴 보겠습니다. 첫 번째 p5.js는 p5와 관련된 함수(지금까지 다루었던, rect() 함수와 같은 함수)의 라이브러리가 있는 인터넷 주소입니다.

두 번째의 p5.sound.min.js는 사운드와 관련된 함수가 저장되어 있는 라이브러리 입니다. p5.js와 p5.sound.min.js은 index.html <head> 태그에 반드시 링크되어 있어야 합니다.

## 05 사운드와 비디오, 웹캠 영상

```
sketch.js
let img, song;
function preload() {
  img = loadImage("louis.jpg");
  song = loadSound("wonderful.mp3");
}
function setup() {
  createCanvas(img.width, img.height);
  background(img);
  song.play();
}
function draw() {
  console.log(img);
  console.log(song);
}
```

■ **loadSound**(path)

■ **play**()

　loadSound() 함수는 *.mp3(또는 *.ogg)와 같은 사운드 파일을 메모리에 불러오는 함수입니다. path는 파일이 존재하는 경로와 파일명입니다. 그 외의 생략 가능한 인수로 successCallback, errorCallback, whileLoading이 있지만, mp3 파일의 로드에 성공하면 실행할 콜백함수나 실패한 경우에 실행하는 콜백함수 정도로 이해하면 되겠습니다.(기본적으로 생략할 수 있습니다.)

　play() 함수는 loadSound() 함수로 불러온 사운드 파일을 재생합니다. 일단 스피커를 통해 소리가 나오기 시작하면 그 다음부터는 기능만 추가하면 됩니다. play() 함수는 실행되면 재생을 시작하므로 여러 번 반복 실행하지 않도록 주의해야 합니다. 또한 play() 함수는 음악이 끝나면 더 이상 재생을 하지 않습니다. 배경음악처럼 경우에 따라서는 계속 반복 재생해야 하는 경우에는 loop() 함수를 사용해야 합니다.

　사운드를 플레이 하거나 중지, 일시 멈춤과 같은 기능을 추가해 봅시다.

**sketch.js**

```javascript
let img, song;
function preload() {
  img = loadImage("louis.jpg");
  song = loadSound("wonderful.mp3");
}
function setup() {
  createCanvas(img.width, img.height);
  background(img);
  playBtn = createButton("PLAY");
  playBtn.size(200, 200);
  playBtn.position(width / 2, height / 2);
  playBtn.mousePressed(mp3_play);
}
function mp3_play() {
  if (song.isPlaying()) {
    song.pause();
    background(255);
  } else {
    song.play();
    background(img);
  }
}
function draw() {
  console.log(img);
  console.log(song);
}
```

■ pause()

■ isPlaying()

■ createButton(label, [value])

　pause() 함수는 실행되고 있는 사운드를 일시 정지합니다. 다시 play() 함수가 실행되면 중지되었던 부분부터 재생됩니다. isPlaying() 함수는 사운드 파일이 재생 중인지를 확인 후 true, false로 반환합니다. createButton()은 HTML의 버튼을 생성하는 함수입니다. 나중에 DOM이란 부분에서 자세하게 설명하겠지만, 여기에서는 버튼을 하나 만들고 버튼을 클릭하면 mp3_play() 함수가 호출되도록 하였습니다.

**sketch.js**

```javascript
let img, song;
let vol = 0.5;

function preload(){
  img = loadImage('louis.jpg');
  song = loadSound('wonderful.mp3');
}

function setup(){
  createCanvas(img.width, img.height);
  background(img);
  playBtn = createButton('PLAY');
  playBtn.size(200,200);
  playBtn.position(width/2, height/2);
  playBtn.mousePressed(mp3_play);
  volume = createSlider(0, 1, vol, 0.01);
  volume.size(300);
}
function mp3_play(){
  if(song.isPlaying()){
    song.pause();
    playBtn.html('PLAY');
    background(255);
  }else{
    song.play();
    playBtn.html('PAUSE');
    background(img);
  }
}

function draw(){
  song.setVolume(volume.value());
  console.log(img);
  console.log(song);
}
```

- createSlider(min, max, [value], [step])
- setVolume(volume, [rampTime], [timeFromNow])

createButton() 함수와 같이 createSlider() 함수도 DOM 객체를 만들어 내는 함수입니다. 여기에서는 슬라이더를 만들어 볼륨을 조절하는 기능으로 사용하고자 합니다. createSlider() 함수에서 min은 가장 작은 값을 설정합니다. p5.sound에서는 볼륨의 크기를 0~1로 최솟값과 최댓값을 설정합니다. value는 현재 슬라이더가 가리키고 있는 값을 나타냅니다. 0~1 사이이므로 이 값은 실수입니다. step은 슬라이더가 움직이는 간격입니다. 0.1로 설정해도 볼륨 조절에는 큰 문제가 되지 않으나, 슬라이더가 간격으로 인하여 뚝뚝 끊기듯이 조절되기 때문에 0.01로 설정하여 부드럽게 움직이도록 하였습니다. 슬라이더의 이동 간격을 10개로 구분하느냐, 100개로 구분하느냐의 차이일 뿐입니다. (청음에 예민한 사람들은 10개의 볼륨 차이보다는 100개의 볼륨 차이를 선호하겠지만, 필자는 프로그램에서 차이를 크게 느끼지 못했습니다.)

[출처: https://www.pixabay.com/]

## 5.2 음악의 파형 시각화하기

**sketch.js**
```
let song, amp;
let x=0, y=300;

function preload(){
  song = loadSound('remember.mp3');
}

function setup(){
  createCanvas(400, 300);
  amp = new p5.Amplitude();
  song.play();
  background(255);
}
```

```
function draw(){
  console.log(amp);
  console.log(song);
  let level = amp.getLevel();
  let vol = map(level, 0, 1, 0, 600);
  stroke(random(255), random(255), random(255));
  x++;
  x1 = x;
  y1 = y - vol;
  line(x, y, x1, y1);
  if(x>width){
    x = 0;
    background(255);
  }
}
```

new는 클래스에서 새로운 객체(Object)를 생성할 때 사용하는 키워드입니다. p5.Amplitude는 클래스 이름입니다. amp = new p5.Amplitude()는 p5.Amplitude라는 클래스를 본 딴 객체를 하나 만들고 이 객체의 이름을 amp라고 사용하겠다는 의미 입니다. 인수 smoothing는 0~0.999까지를 입력할 수 있는데, 음질을 부드럽게 표현합니다.

p5.js 클라우드 저장소에 있는 노래파일을 재생하면 음악의 크기에 따라 선을 왼쪽부터 그려 나갑니다. 선이 오른쪽 화면 끝까지 가면 화면을 지우고 다시 왼쪽 끝부터 음악의 크기에 따라 선을 그려 나갑니다.

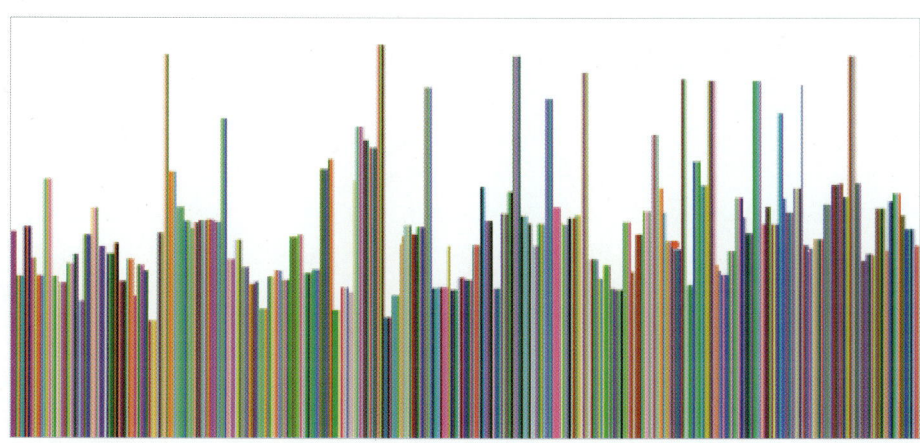

## 5.3 목소리 크기에 따라 커지는 원

마이크에 입력되는 소리 크기에 따라 크기가 변화하는 타원을 그리는 코드를 만들어 봅시다.

```
sketch.js
let mic;

function setup(){
  createCanvas(400, 400);
  mic = new p5.AudioIn();
  mic.start();
}

function draw(){
  background(255);
  let level = mic.getLevel();
  let vol = map(level, 0, 1, 0, 1000);
  fill('#AADD00');
  ellipse(width/2, height/2, width-100, vol);
}
```

new p5.AudioIn( ) p5.sound라는 라이브러리에 있는 p5.AudioIn 라는 클래스에서 객체(Object)를 생성합니다. start() 함수는 마이크와 같은 장치를 사용할 수 있도록 하는 함수입니다. p5.Amplitude.getLevel()이 컴퓨터의 사운드 카드에서 출력되는 소리의 크기를 측정한 함수라면 p5.AudioIn.getLevel()은 마이크에 감지되는 소리의 크기를 측정하는 함수 입니다. 마이크에서 측정된 크기(getLevel)에 따라 타원으로 표현하였습니다.

마이크 소리의 크기 값을 추출하여 그 값을 타원의 세로축으로 하고 타원의 가로축은 고정값을 정하여 타원을 그립니다.

## 5.4 VIDEO 플레이어 만들기

스마트폰으로 촬영한 영상을 실행하는 코드를 작성해 보겠습니다. p5.js 클라우드 저장소에 data 폴더를 만듭니다. data 폴더에 영상 파일을 업로드 합니다.

**sketch.js**
```
let movie;

function setup() {
  noCanvas();
  movie = createVideo('data/light.mp4', playMovie);
}

function playMovie() {
  movie.loop();
}
```

■ ceateVideo(path, [callback])

createVideo() 함수는 DOM의 객체인 영상 파일을 불러오는 함수입니다. loop() 함수는 영상이 반복 재생하도록 하는 코드입니다. 다음은 영상 파일이 재생되면서 자막을 덧씌워 보았습니다. 자막을 고정된 위치에 출력하며 문장만 바꾸는 것보다는 우측에서 좌측으로 흘러가는 형태의 자막 처리를 해봅시다.

## 5.5 웹캠 영상

웹캠(PC캠)과 같은 비디오 카메라는 컴퓨터와 연결되어 있다면 사용하는 것은 다른 장치에 비해 무척 쉽습니다. DOM 설명에서 먼저 설명한 후에 하는 것이 좋겠지만, 자주 사용하는 장비라 먼저 설명하겠습니다. 요즘은 비교적 합리적인 가격에 4K 촬영이 가능한 좋은 카메라도 있고, 웹캠처럼 화질이 다소 떨어지지만 저렴하고 가볍게 사용하는 카메라도 있습니다. 초당 촬영속도가 빠른 것도 있고, 아닌 것도 있습니다. 이 모든 카메라의 다양한 촬영 성능을 모두 지원하기는 어렵습니다. 따라서 표준 해상도를 사용하게 되는데, 대부분의 비디오 카메라는 기본적으로 표준 해상도를 지원하고 있습니다. 여기에서는 640×480(4:3) 픽셀을 표준 해상도로 사용하고 있습니다.

**sketch.js**
```
function setup(){
  noCanvas();
  createCapture(VIDEO);
}
```

위와 같은 간단한 코드로 웹캠이 작동하기 시작합니다. 해상도는 아무것도 지정하지 않았기에 기본인 640×480픽셀의 영상 사이즈입니다. noCanvas() 함수는 캔버스 단원에서 설명한 내용입니다. 캔버스를 사용하지 않을 때 사용하는 함수입니다.

**sketch.js**
```
function setup(){
  noCanvas();
  cam = createCapture(VIDEO);
  cam.size(320, 240);
}
```

■ size(w, h)

위의 코드는 영상 사이즈를 320×240픽셀로 변경한 코드입니다. 위에서는 단순히 웹캠의 영상을 코드에서 재생하는 기능만 하기에 별도의 가공을 할 수는 없습니다. 다음은 위의 영상 이미지를 우리가 원하는 형태로 가공하기 위해 캔버스를 만들고 영상을 캔버스 위에 올려 봅시다.

05 사운드와 비디오, 웹캠 영상    71

```
sketch.js
let cam;

function setup() {
  createCanvas(400, 300);
  cam = createCapture(VIDEO);
  cam.size(400, 300);
}

function draw(){
  image(cam, 0, 0);
}
```

캔버스의 사이즈를 400×300으로 만들고, 영상의 사이즈도 400×300으로 변경했습니다. 예시에서 볼 수 있는 두 개의 이미지 중 아래 이미지는 웹캠의 태그이고, 위의 이미지는 image() 함수를 사용하여 영상 이미지를 캔버스에 나타나게 하였습니다. 이제 영상을 가공하기 위해서는 캔버스에 올라 온 이미지를 사용하면 됩니다.

### ■ hide()

웹캠으로 출력된 영상을 사용한다면 아래 쪽의 createCapture() 함수에 의해 출력되는 태그를 사용해도 되겠지만, 우리가 하고자 하는 것은 캔버스에 올라오는 영상을 처리하기 위한 프로그램을 만드는 것입니다. 그래서 태그로 출력되는 영상은 hide() 함수로 숨깁니다.(필요에 따라 2개 다 띄우고 작업해도 상관은 없습니다.)

createCapture() 함수에 의해서 만들어지는 cam 태그는 hide() 함수로 숨길 수 있습니다.

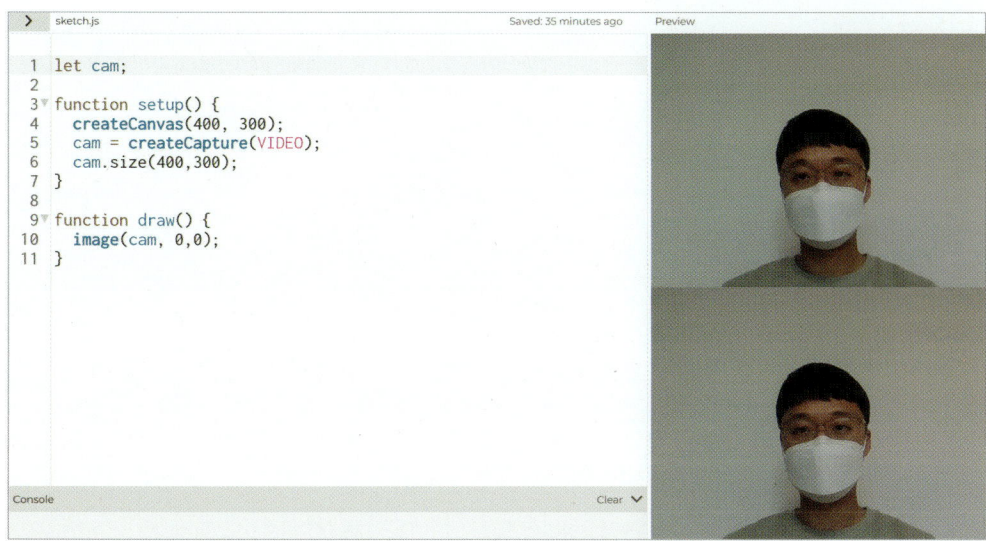

```
sketch.js
1  let cam;
2
3  function setup() {
4    createCanvas(400, 300);
5    cam = createCapture(VIDEO);
6    cam.size(400,300);
7    cam.hide();
8  }
9
10 function draw() {
11   image(cam, 0,0);
12 }
```

앞으로 비디오 카메라를 사용한 코드 작업에서는 위와 같은 코드를 기본으로 작업을 진행하고자 합니다.

## 5.6 웹캠 영상 처리하기

웹캠으로 촬영되는 영상을 흑백(그레이스케일) 영상으로 바꾸는 방법은 우선 cam.loadPixels() 함수를 활용하여 촬영된 이미지를 메모리에 저장합니다. 그 다음 각 픽셀을 회색조로 바꾸고 회색조 픽셀값을 캔버스의 픽셀값으로 대체하여 넣어주는 방식입니다. 여기서 유의해야할 점은 하나의 픽셀값은 red, green, blue, 투명도 4개의 컬러 정보로 구성되므로 픽셀값 4배에 해당하는 정보를 변경해야 합니다.

```
sketch.js
let cam;

function setup() {
  createCanvas(400,300);
  cam = createCapture(VIDEO);
  cam.size(400,300)
  pixelDensity(1);
}

function draw(){
    grayscale();
}
```

```
function grayscale(){
  loadPixels();
  cam.loadPixels();
  for(let y = 0; y < height; y++){
    for(let x = 0; x < width*4; x+=4){
      let xy = x+y*width*4;
      let gray = (cam.pixels[xy+0]+cam.pixels[xy+1]+cam.pixels[xy+2])/3;
      pixels[xy+0] = gray;
      pixels[xy+1] = gray;
      pixels[xy+2] = gray;
      pixels[xy+3] = 255;
    }
  }
  updatePixels();
}
```

### ▣ loadPixels()

비디오나 동영상의 픽셀 데이터를 하나의 배열값으로 나눠주는 함수입니다.

### ▣ updatePixels()

updatePixels()는 pixels[] 배열의 데이터로 디스플레이 창을 업데이트 하는 함수입니다. loadPixels() 함수와 함께 사용합니다. updatePixels() 함수는 pixels[] 배열의 변경 사항이 생기면 사용합니다.

```
1  let cam;
2  function setup() {
3    createCanvas(400,300);
4    cam = createCapture(VIDEO);
5    cam.size(400,300)
6    pixelDensity(1);
7  }
8
9  function draw(){
10   grayscale();
11 }
12
13 function grayscale(){
14   loadPixels();
15   cam.loadPixels();
16   for(let y = 0; y < height; y++){
17   for(let x = 0; x < width*4; x+=4){
18     let xy = x+y*width*4;
19     let gray =
     (cam.pixels[xy+0]+cam.pixels[xy+1]+cam.pixels[xy+2])/3;
20     pixels[xy+0] = gray;
21     pixels[xy+1] = gray;
```

## 5.7 웹캠 영상 픽셀 단위 처리하기

웹캠에서 촬영된 영상을 작은 원으로 구성된 영상으로 표현되도록 코딩해봅시다.

**sketch.js**
```javascript
let cam;

function setup() {
  createCanvas(640, 480);
  cam = createCapture(VIDEO);
  cam.size(32, 24);
}

function draw(){
  background(0);
  pixelArt();
}

function pixelArt(){
  cam.loadPixels();
  for(let y = 0; y < cam.height; y++){
    for(let x = 0; x < cam.width; x++){
      fill(cam.get(x,y));
      circle(x*20+10, y*20+10, 20);
    }
  }
}
```

웹캠으로 촬영되는 영상에서 픽셀값을 추출한 뒤 캔버스에 여러 개의 작은 원을 그립니다. 작은 원 마다 추출된 픽셀값으로 색을 채웠습니다.

■ get(x,y)

x, y좌표 위치의 픽셀에 저장된 컬러 정보(r,g,b,alpha)를 추출해주는 함수입니다.

```
1  let cam;
2
3  function setup() {
4    createCanvas(640, 480);
5    cam = createCapture(VIDEO);
6    cam.size(32, 24);
7  }
8
9  function draw(){
10   background(0);
11   pixelArt();
12 }
13
14 function pixelArt(){
15   cam.loadPixels();
```

circle() 함수를 square() 함수로 변경하면 웹캠의 영상을 사각형으로 나타낼 수 있습니다.

**sketch.js**

```
let cam;

function setup() {
  createCanvas(640, 480);
  cam = createCapture(VIDEO);
  cam.size(32, 24);
}
function draw(){
  background(0);
  pixelArt();
}
function pixelArt(){
  cam.loadPixels();
  for(let y = 0; y < cam.height; y++){
    for(let x = 0; x < cam.width; x++){
      fill(cam.get(x,y));
      square(x*20+10, y*20+10, 20);
    }
  }
}
```

## 5.8 웹캠 영상 픽셀 단위 처리 응용

웹캠의 영상을 좌우반전 시켜보겠습니다.

**sketch.js**
```
let mirrorImg;
let cam;
function setup(){
  createCanvas(640, 480);
  mirrorImg = createImage(640, 480);
  cam = createCapture(VIDEO);
}
function mirrorCam(){
  mirrorImg.loadPixels();
  cam.loadPixels();
  for(let y = 0; y < cam.height; y++){
    for(let x = 0; x < cam.width; x++){
      let index0 = (x + y*cam.width)*4;
      let index1 = (cam.width-x+1+(y*cam.width))*4;
      mirrorImg.pixels[index1+0] = cam.pixels[index0+0];
      mirrorImg.pixels[index1+1] = cam.pixels[index0+1];
      mirrorImg.pixels[index1+2] = cam.pixels[index0+2];
      mirrorImg.pixels[index1+3] = 255;
    }
  }
  mirrorImg.updatePixels();
}
function draw(){
  mirrorCam();
  image(mirrorImg, 0,0);
}
```

■ **createImage**(width, height)

createImage()는 너비와 높이를 매개변수로 가로×세로 크기를 갖는 새로운 이미지를 만드는 함수입니다. 위의 예제는 웹캠 영상을 새롭게 만든 이미지에 좌우 픽셀값을 바꾸어 미러형태로 표현하는 예제입니다. 결과는 좌우가 반전된 영상이 만들어집니다.

# 06 오브젝트와 클래스

 같은 시기에 나온 컴퓨터 프로그래밍 언어들도 장단점이 항상 있게 마련이지만, 과거의 프로그래밍 언어에서 나름의 지향점을 향해 발전을 거듭하고 있습니다. 어떤 언어는 수학적 처리에 어떤 언어는 통계 처리에 어떤 언어는 데이터 분석에 최적화되어 있습니다. 즉, 언어별 자신들이 처리하고자 하는 문제가 다르기 때문에 그 개발 방향도 다를 수밖에 없습니다. 그렇기에 하나의 언어가 발전된 기술을 모두 담을 필요는 없다는 뜻입니다. 그러나 개발 영역이 다르다고 해서 대다수가 필요성에 동의하는 발전된 개념을 피해 간다면 그 또한 도태될 수밖에 없을 것입니다.

 과거에는 변수와 함수만으로도 처리하던 일에서 구조체라는 개념을 만들어 내고, 구조체로도 부족하여 오브젝트라는 개념으로 발전하였습니다. 이러한 오브젝트의 효율성을 느끼면서 현재에는 더 나아가 클래스라는 개념으로 발전하였습니다. 프로그래머들이 하는 말로 현재를 객체지향프로그래밍(OOP)의 시대라고 합니다.

 이 장에서는 변수, 배열, 함수, 오브젝트, 클래스에 대해서 천천히 살펴보도록 하겠습니다.

## 6.1 변수와 함수를 이용한 클래식 코딩

 버블을 만들어서 움직이는 코드를 작성해 보겠습니다. 굳이 버블을 사용한 것은 한쪽 방향(위)으로만 이동하므로 코드가 단순하기 때문입니다.

**sketch.js**
```
let x1 = 100, y1 = 420, d1 = 30;

function setup() {
  createCanvas(500, 400);
}

function draw() {
  background(0, 200, 220);
  fill(0, 0, 150, 100);
  noStroke();
  circle(x1, y1, d1);
  x1 += random(-2, 2);
  y1 -= 2;
  if(y1<0){
    x1 = random(width);
    y1 = 420;
  }
}
```

다음으로 버블을 2개로 늘리려면 코드를 어떻게 수정해야 할까요?

```
sketch.js
let x1 = 100, y1 = 420, d1 = 30;
let x2 = 350, y2 = 450, d2 = 30;

function setup() {
  createCanvas(500, 400);
}

function draw() {
  background(0, 200, 220);
  fill(0, 0, 150, 100);
  noStroke();
  circle(x1, y1, d1), circle(x2, y2, d2);
  x1 += random(-2, 2);
  x2 += random(-2, 2);
  y1 -= 2;
  y2 -= 2;
  if(y1<0){
    x1 = random(width);
    y1 = 420;
  }
  if(y2<0){
    x2 = random(width)
    y2 = 450;
  }
}
```

버블이 1개이거나 2개이거나 크게 달라질 건 없습니다. 다만 버블의 갯수 만큼 변수가 늘어나고, 원을 더 그리게 되고, 위치 계산도 더 하는 것입니다.

단순하게 보이지만 상당히 곤혹스러운 코드입니다. 위 코드와 같이 작성한다면 버블이 100개 라면 코드가 그만큼 길어지므로 울상이 될 수밖에 없습니다. 만약 1000개의 버블을 그린다면 울상이 아니라 포기해 버리고 말 것입니다. 컴퓨터가 잘하는 일이 계산과 반복인데 이것을 사람이 할 필요는 없으며 단순 반복성 코드 작성 또한 즐거운 일은 아닐 것입니다. 프로그래머라면 이러한 상황을 좀 더 효율적으로 개선하고자 노력할 것입니다.

**sketch.js**

```javascript
let x=[], y=[], d=[];
let bubbles = 1000;

function setup() {
  createCanvas(500, 400);
  for(let i=0; i<bubbles; i++){
    x[i] = random(width);
    y[i] = random(height, height*2);
    d[i] = random(5, 30);
  }
}

function draw() {
  background(0, 200, 220);
  fill(0, 0, 150, 100);
  noStroke();

  for(let i=0; i<bubbles; i++){
    circle(x[i], y[i], d[i]);
    x[i] += random(-2, 2);
    y[i] -= 2;
    if(y[i]<0){
      x[i] = random(width);
      y[i] = random(height, height*2);
    }
  }
}
```

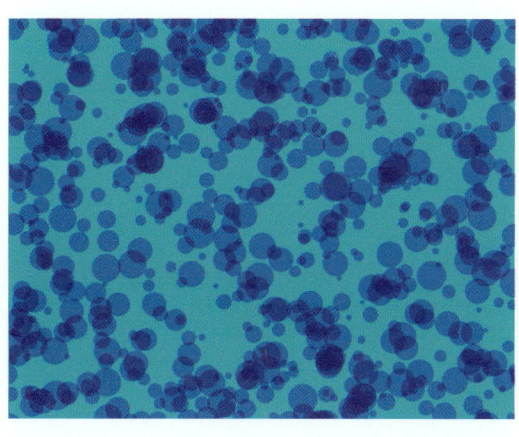

| |
|---|
| let x = [ ] |

위 코드에서 let x = [ ] 같은 부분은 변수 x가 배열(Array)로 이루어진 배열변수로 나타냅니다. 즉, 버블의 가로 위치(좌표)를 1,000개 쯤 만들고자 배열변수를 사용한 것입니다. y = [ ], d = [ ]도 마찬가지입니다. 1,000개의 버블을 만드는 코드임에도 불구하고 코드는 오히려 짧아졌습니다. 조금은 더 효율적인 코드로 바뀐 것입니다. 2,000개의 버블을 만든다 해도 위에서는 bubbles=2,000으로만 변경하면 됩니다.(단, 컴퓨터의 성능이 받쳐줘야겠지만, 일반적인 컴퓨터라면 2,000개 정도는 무난히 그려 낼 것입니다.)

다음의 코드는 할 일을 함수(사용자 정의 함수)로 모듈화 시켜 보겠습니다. makeBubble() 함수는 오로지 버블을 생산하는 일만 담당합니다. 그리고 drawBubble() 함수는 버블을 그리는 역할만 합니다. moveBubble() 함수는 버블의 위치를 바꾸는 역할(이동시키는 작업)만 담당합니다.

이렇게 할 일을 단순하게 구조화시킴으로서 코드를 수정할 상황이 되면 해당 모듈만 찾아서 고치면 됩니다. 얼핏 보기엔 코드를 너무 조각낸 듯이 보일 수도 있지만, 큰 프로그램을 작성할수록 그 효과는 분명합니다. 특히 복잡한 프로그램은 여러 개발자가 개발을 해야 하는 협업의 문제가 있기 때문에 이러한 모듈 구조로 작성해서, 각자 개발할 코드를 분명하게 나눌 수도 있으며 오류가 발생했을 경우 어디에서 발생하고 수정해야 할지 찾는 것도 쉬워집니다. 예를 들어 버블의 색을 붉은색으로 수정한다면 drawBubble() 함수에서 코드를 변경하면 될 것이고, 버블의 크기를 더 크게 바꾸고 싶다면 makeBubble() 함수에서 코드를 변경하면 될 것입니다.

또한 코드가 간결해지고 알고리즘화된다는 장점도 있습니다. 다음의 코드에서 보면 setup() 함수 부분에 '버블 만들기', draw() 함수 부분에 '버블 그리기', '버블 이동하기' 처럼 심플하게 바뀐다는 점입니다.

### sketch.js
```
let x=[], y=[], d=[];
let bubbles = 1000;

function setup() {
  createCanvas(500, 400);
  makeBubble(bubbles);        //버블 만들기
}

function draw() {
  background(0, 200, 220);
  drawBubble(bubbles);        //버블 그리기
  moveBubble(bubbles);        //버블 이동하기
}
```

```
function makeBubble(n){
  for(let i=0; i<n; i++){
    x[i] = random(width);
    y[i] = random(height, height*2);
    d[i] = random(5, 30);
  }
}

function drawBubble(n){
  fill(0, 0, 150, 100);
  noStroke();
  for(let i=0; i<bubbles; i++){
    circle(x[i], y[i], d[i]);
  }
}

function moveBubble(n){
  for(let i=0; i<bubbles; i++){
    x[i] += random(-2, 2);
    y[i] -= 2;
    if(y[i]<0){
      x[i] = random(width);
      y[i] = random(height, height*2);
    }
  }
}
```

## 6.2 오브젝트로 객체지향프로그래밍(OOP)하기

앞의 예제에서는 일반 변수를 사용하였든, 배열변수를 사용하였든 circle() 함수를 1,000개 사용하여 버블을 1,000개를 그렸습니다. 이번에는 객체(Object)를 만들어 같은 프로그램을 만들어 봅시다. 우선 버블 2개를 그려보겠습니다.

**sketch.js**
```
let bubble1 = {x: 100, y:420, d: 30};
let bubble2 = {x: 300, y:450, d: 25};

function setup() {
  createCanvas(500, 400);
}

function draw() {
  background(0, 200, 220);
  fill(200, 0, 150, 150);
  noStroke();

  circle(bubble1.x, bubble1.y, bubble1.d);
  circle(bubble2.x, bubble2.y, bubble2.d);

  bubble1.x += random(-2, 2);
  bubble1.y -= 2;
  bubble2.x += random(-2, 2);
  bubble2.y -= 2;

  if(bubble1.y<0){
    bubble1.x = random(width);
    bubble1.y = random(height, height*2);
  }
  if(bubble2.y<0){
    bubble2.x = random(width);
    bubble2.y = random(height, height*2);
  }
}
```

기본적으로 앞 장의 코드와 크게 달라질 것은 없습니다. 다만 x1, y1, d1과 같은 변수를 bubble1.x, bubble1.y, bubble1.d와 같은 식으로 bubble1이라는 이름으로 그룹화(객체화) 시켰다고 생각하면 됩니다. 이러한 객체에 들어 있는 변수를 프로퍼티(속성)라고 부릅니다. 쉽게 이해하기 위해서 객체 변수라는 용어를 쓰기도 하지만, 프로퍼티(속성)라는 용어에 익숙해지도록 합시다.

객체(오브젝트)를 이용하여 1,000개의 버블을 만들어 보겠습니다.

**sketch.js**
```javascript
let bubble = [];
let bubbles = 1000;

function setup() {
  createCanvas(500, 400);
  for(let i=0; i<bubbles; i++){
    bubble[i] = {x:random(width), y:random(height, height*2), d:random(5, 30)};
  }
}

function draw() {
  background(0, 200, 220);
  fill(200, 0, 150, 150);
  noStroke();

  for (let i=0; i<bubbles; i++){
    circle(bubble[i].x, bubble[i].y, bubble[i].d);
    bubble[i].x += random(-2, 2);
    bubble[i].y -= 2;
    if(bubble[i].y<0){
      bubble[i].x = random(width);
      bubble[i].y = random(height, height*2);
    }
  }
}
```

1,000개의 버블 오브젝트를 만들어 실행한 코드도 함수로 모듈화시켜서 사용해 보겠습니다.

**sketch.js**
```
let bubble = [];
let bubbles = 1000;

function setup() {
  createCanvas(500, 400);
  makeBubble(bubbles);
}

function draw() {
  background(0, 200, 220);
  drawBubble(bubbles);
  moveBubble(bubbles);
}

function makeBubble(n){
  for(let i=0; i<n; i++){
    bubble[i] = {x:random(width), y:random(height, height*2), d:random(5, 30)};
  }
}

function drawBubble(n){
  fill(200, 0, 150, 150);
  noStroke();
  for (let i=0; i<n; i++){
    circle(bubble[i].x, bubble[i].y, bubble[i].d);
  }
}

function moveBubble(n){
  for (let i=0; i<n; i++){
    bubble[i].x += random(-2, 2);
    bubble[i].y -= 2;
    if(bubble[i].y<0){
      bubble[i].x = random(width);
      bubble[i].y = random(height, height*2);
    }
  }
}
```

오브젝트를 사용해서 처리하는 방법도 설명했습니다. 그러나 앞 장처럼 해도 될 일을 굳이 오브젝트로 만들어서 처리해야 할까 하는 의문이 들 것입니다. 아직까지는 큰 차이가 없기 때문입니다. 오브젝트를 사용해서 코딩하는 것은 그만한 이유가 있을 것입니다. 다음 장에서 그것을 알아보도록 하겠습니다.

## 6.3 오브젝트 움직이기

앞 장의 버블 2개짜리 오브젝트 코드를 활용하여 다음과 같이 수정해 보겠습니다.

```js
// sketch.js
let bubble1 = {x: 100, y: 420, d: 30,
        draw: function(){
            fill(255, 255, 0, 100);
            circle(this.x, this.y, this.d);},
        move: function(){
            this.x += random(-2, 2);
            this.y -= 2;
            if(this.y<0){
              this.x = random(width);
              this.y = random(height, height*2);
            }
        }};
let bubble2 = {x: 300, y: 450, d: 25,
        draw: function(){
            fill(255, 255, 0, 100);
            circle(this.x, this.y, this.d);
        },
        move: function(){
            this.x += random(-2, 2);
            this.y -= 2;
            if(this.y<0){
              this.x = random(width);
              this.y = random(height, height*2);
            }
        }};
```

```
function setup() {
  createCanvas(500, 400);
}

function draw() {
  background(0, 200, 220);
  bubble1.draw();
  bubble2.draw();
  bubble1.move();
  bubble2.move();
}
```

위 코드처럼 오브젝트에는 객체변수인 property(속성)만 있는 것이 아니라, 메소드까지 포함시킬 수 있다는 특징이 있습니다. 메소드(method)는 객체에 포함되어 있는 함수를 말합니다. 위에서 bubble1과 bubble2는 각자 draw()라는 함수와 move()라는 함수를 지닙니다. 이러한 함수를 실행(호출)시키기 위해서는 bubble1.draw(), bubbl1.move()와 같은 방법으로 사용하면 됩니다.

sketch.js
```
let bubble = [];
let bubbles = 1000;

function setup() {
  createCanvas(500, 400);
  makeBubble(bubbles);
}

function draw() {
  background(0, 200, 220);
  for(let i=0; i<bubbles; i++){
    bubble[i].draw();
    bubble[i].move();
  }
}
```

```
function makeBubble(n){
  for(let i=0; i<n; i++){
    bubble[i] = {
      x:random(width),
      y:random(height, height*2),
      d:random(5, 30),
      draw: function(){
        fill(255, 255, 0, 100);
        circle(this.x, this.y, this.d);
      },
      move: function(){
        this.x += random(-2, 2);
        this.y -= 2;
        if(this.y<0){
          this.x = random(width);
          this.y = random(height, height*2);
        }
      }
    };
  }
}
```

여기에서 알아두어야 할 점은 오브젝트(객체)에는 각 오브젝트별로 각자의 변수(속성)을 지니고 있으며 각자의 함수(메소드)를 실행하고 있다는 점입니다. 하늘을 나는 나비 무리가 있다고 가정하면 나비들은 저마다의 특징(색상, 크기 등)을 지니고 있고, 각 나비들은 날아다니는 행태(속도, 방향) 등이 다를 것입니다. 객체라는 개념은 현실의 세계를 프로그램의 세계로 표현하기 위해 고안해 낸 개념이라는 점에서 현재까지는 가장 그럴듯한 개념입니다. 각 나비들의 특징이 바로 객체변수(프로퍼티)이며, 각 나비들의 움직임이 객체함수(메소드)가 되는 것입니다.

## 6.4 클래스로 오브젝트 만들기

앞 장에서 bubble1, bubble2와 같은 객체를 만들어 보았습니다. bubble1이라는 객체를 구성한 것은 다음과 같이 요약할 수 있습니다.

```
let bubble1 = {x: 가로위치, y: 세로위치, d: 크기,
               draw: function(){컬러지정, 원그리기},
               move: function(){가로위치와 세로위치 변경(이동)}
              };
```

그리고 bubble2도 동일합니다. 그렇다면 bubble1과 bubble2 뿐만 아니라 1,000개의 버블을 만들어도 버블끼리는 공통점이 있는데, 이를 보다 효율적으로 관리할 수는 없을까요?

여기에서 등장하는 것이 클래스(class)입니다.

클래스는 객체를 만들어 내는 규격이며 틀입니다. 비유를 하기 위해, 길거리에서 파는 붕어빵을 예로 들어봅시다. 한 봉투에 붕어빵이 5개 들어 있다면 이 붕어빵들은 하나하나가 객체입니다. 같은 붕어빵틀에서 만든 이 붕어빵들은 5개가 다 비슷하지만 저마다 다른 특징을 가질 수 있습니다. 팥이 든 붕어빵, 슈크림 붕어빵, 잘 익은 붕어빵, 덜 익은 붕어빵, 너무 탄 붕어빵처럼 저마다 다른 객체들입니다. 같은 붕어빵틀이지만 다른 재료를 넣어서 서로 다른 붕어빵들을 만들어 낼 수 있습니다.

여기에서 붕어빵(객체)을 만들어 내는 붕어빵 틀을 클래스라고 합니다. 우리는 이제 버블의 틀(클래스)을 만들어 버블을 만들 수 있습니다.

**sketch.js**
```
let bubble1, bubble2;

function setup() {
  createCanvas(500, 400);
  bubble1 = new Bubble();
  bubble2 = new Bubble();
}

function draw() {
  background(0, 200, 220);
  bubble1.draw();
  bubble2.draw();
  bubble1.move();
  bubble2.move();
}
```

```
class Bubble{
  constructor(){
    this.x = random(width);
    this.y = random(height, height*2);
    this.d = random(5, 30);
  }

  draw(){
    fill(255, 0, 0, 255);
    circle(this.x, this.y, this.d);
  }

  move(){
    this.x += random(-2, 2);
    this.y -= 2;
    if (this.y < 0) {
      this.x = random(width);
      this.y = random(height, height * 2);
    }
  }
}
```

위 코드에서 클래스는 class Bubble{ }로 만들었습니다.

클래스의 구조를 보면 다음과 같습니다.

```
class Bubble{
  constructor(){      //버블 객체를 생성하면 자동으로 실행되는 부분입니다.
                      //property(속성) 값을 부여합니다.
  }
  draw(){             //버블 객체가 할 일(method)
  }
  move(){             //버블 객체가 할 일(method)
  }
}
```

이러한 클래스에서 객체를 만들어내는 것(생성이라고 합니다.)은 new라는 키워드입니다.

```
bubble1 = new Bubble();
```

이렇게 함으로써 Bubble이라는 클래스에서 bubble1이라는 객체가 만들어집니다. 참고로 반드시 지켜야 할 필요는 없지만, 프로그래머들 사이에서 암묵적인 규칙으로 클래스 이름의 첫 글자는 대문자를 사용하는 것이 관례로 되어 있습니다. 또 하나 주의할 점은 class Bubble()가 아니라는 것입니다. 클래스를 정의할 때, class Bubble(){...} 처럼 ()를 사용하면 안됩니다. 클래스는 클래스이지 함수가 아니라는 점에 유의합시다. 간혹 습관처럼 ()를 넣는 실수를 할 수 있기 때문에 유의해야 합니다.

클래스 내의 constructor(){...}나 draw(){...}는 함수(메소드)이기 때문에 ()를 해줘야 합니다. 이 중에서 draw(), move()는 프로그래머가 만들어 주는 것이지만, constructor()만큼은 반드시 넣어줘야 하는 특수한 기능의 메소드입니다. 클래스에서 각 객체들에게 만들어 줘야하는 변수(property)들을 정의하는 부분이기 때문입니다. 객체가 만들어질 때마다 자동으로 실행되는 함수이기 때문에 객체마다 변수들을 가지게 되는 것입니다. 더불어 constructor()에는 객체의 변수(속성)만 정의하는 것이 아니라 자동으로 실행되면 좋을 만한 명령을 넣어주기도 합니다.

**sketch.js**

```
let bubble1, bubble2;

function setup() {
  createCanvas(500, 400);
  bubble1 = new Bubble();
  bubble2 = new Bubble();
}

function draw() {
  //background(0, 200, 220);            //주석처리
  bubble1.draw();
  bubble2.draw();
  bubble1.move();
  bubble2.move();
}

class Bubble{
  constructor(){
    this.x = random(width);
    this.y = random(height, height*2);
    this.d = random(5, 30);
    circle(100, 100, 100);              //명령 추가
  }
```

```
  draw(){
    fill(255, 0, 0, 255);
    circle(this.x, this.y, this.d);
  }

  move(){
    this.x += random(-2, 2);
    this.y -= 2;
    if (this.y < 0) {
      this.x = random(width);
      this.y = random(height, height * 2);
    }
  }
}
```

위에서 background() 함수를 생략하고 클래스의 constructor() 함수에 원을 하나 그리는 명령을 추가하였습니다. 실행 결과는 다음과 같습니다. 흰색의 원이 그려지는 것을 볼 수 있습니다. 이것으로 constructor() 함수는 객체의 변수를 선언하는 역할도 하지만, 자동으로 실행되는 메소드(함수)라고 이해하는 것이 정확합니다. 객체가 생성될 때 자동으로 실행되기 때문에 여기에 객체의 속성값을 넣어주는 것입니다.

위의 클래스 선언부에서 this.x, this.y, this.d가 바로 클래스에서 객체가 만들어질 때 각 객체에게 만들어주는 변수입니다. 여기에서 this가 뭘까 하는 궁금증이 있을 것입니다.

변수를 사용하고 싶다면,

```
let x;
let y = 100;
```

위와 같이 변수를 만들거나 기본값을 넣어서 만들기도 합니다. 이를 변수를 선언한다고 표현합니다. 이때 변수 x와 변수 y는 프로그램 어디에서나 불러와서 쓸 수 있습니다.(이를 전역변수라고 합니다.) 클래스 내부에서도 전역변수 x, y를 사용할 수도 있습니다. 즉 전역변수로 x, y를 사용할 수도 있지만, 객체 내부의 bubble1.x, bubble1.y와 같은 변수를 사용하는 것이 편리할 수 있습니다. 클래스에서는 어떤 이름으로 객체를 만들지 알 수 없는 상태에서 변수를 만들어야 하므로 this라는 개념을 사용하게 됩니다.

```
bubble = new Bubble();
bangwool = new Bubble();
```

위에서 bubble.x, bubble.y라는 객체 변수가 만들어질 것이고, bangwool.x, bangwool.y라는 객체 변수가 만들어질 것입니다. this는 바로 bubble.x의 bubble, bangwool.x의 bangwool를 뜻하는 것입니다. 객체 자신을 의미하는 키워드입니다.

이번에는 클래스를 좀 더 발전시켜 보겠습니다.

객체를 만들 때, 버블의 색을 지정할 수 있게 만들어 서로 다른 색의 버블 200개를 만들어 봅시다.

sketch.js
```
let bubble = [];
let bubbles = 200;
function setup() {
  createCanvas(500, 400);
  for(let i=0; i<bubbles; i++){
    let r = random(255), g = random(255), b = random(255), a = random(50, 255);
    bubble[i] = new Bubble(r, g, b);
  }
}
function draw() {
  background(0, 200, 220);
  for(let i=0; i<bubbles; i++){
    bubble[i].draw();
    bubble[i].move();
  }
}
```

클래스를 별도의 파일로 저장하는 방법은 다음과 같습니다.

sketch files - create file - 클래스이름.js - add file 순으로 진행합니다.

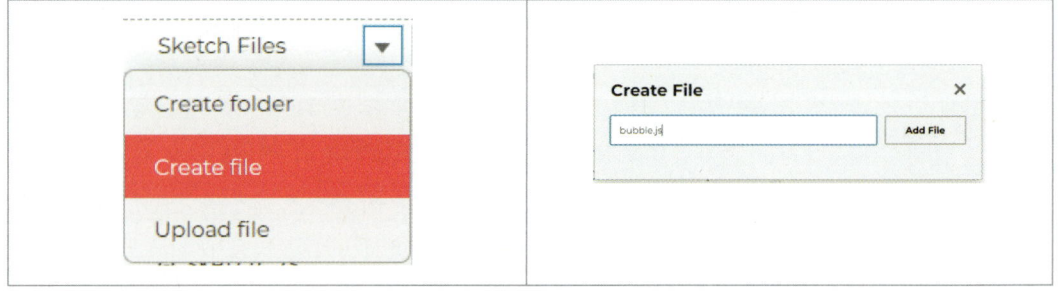

index.html에 내가 만든 자바스크립트 파일을 연결시켜 주면 됩니다. 이때 head 태그 위치에 연결하는 것을 권장합니다.

## 06 오브젝트와 클래스

```
index.html
3    <head>
4      <script src="https://cdnjs.cloudflare.com/ajax/libs/p5.js/1.5.0/p5.js"></script>
5      <script src="https://cdnjs.cloudflare.com/ajax/libs/p5.js/1.5.0/addons/p5.sound.min.js"></script>
6      <link rel="stylesheet" type="text/css" href="style.css">
7      <meta charset="utf-8" />
8
9      <script src="bubble.js"></script>
10
```

### bubble.js (클래스를 별도의 파일로 저장)

```
class Bubble{
  constructor(r, g, b, a){
    this.x = random(width);
    this.y = random(height, height*2);
    this.d = random(5, 30);
    this.red = r;
    this.green = g;
    this.blue = b;
    this.alpha = a;
  }
  draw(){
    fill(this.red, this.green, this.blue, this.alpha);
    circle(this.x, this.y, this.d);
  }
  move(){
    this.x += random(-2, 2);
    this.y -= 2;
    if (this.y < 0) {
      this.x = random(width);
      this.y = random(height, height * 2);
    }
  }
}
```

200개의 버블이 저마다 다른 색으로 그려집니다. 여기에서 눈여겨볼 부분은 다음과 같은 표현입니다.

```
let r = random(255);
let g = random(255);
let b = random(255);
let a = random(50, 255);
bubble = new Bubble(r, g, b, a);
```

클래스에서 객체를 생성할 때 객체변수(속성)의 값을 외부에서 지정하여 만들 수도 있다는 점입니다. 클래스를 알아보는 것은 이 정도로 마치고자 합니다.

## 6.5 클래스의 상속 알아보기

클래스에는 상속(Inheritance)이라는 개념이 있습니다. 우선 어떤 개념인지 상황으로 알아봅시다. 필자는 업무상 현수막을 자주 주문합니다. 그런데 새로운 업체에 주문할 때에는 알려줘야 할 정보가 많습니다. 가로길이, 세로길이, 새겨 넣어야 할 로고, 전체적인 디자인, 출력해야 할 문구, 현수막 게시대에 부착할 것인지 아니면 실내에서 사용할 것인지… 등등 그러나 오랜 기간 주문을 했던 업체라면 우리의 주문사항을 잘 파악하고 있습니다. 따라서 문구만 알려주면 바로 제작에 들어가서 빠르게 만들어져 나옵니다. 제작업체 입장에선 아마도 주문처마다 어떤 사양서 같은게 준비되어 있는지도 모르겠습니다. 클래스의 상속도 이와 비슷합니다. 이미 사용했던 클래스를 이용해서 새로운 클래스를 만들어 내는데 사용할 수 있습니다. 이럴 때 부모 클래스와 자식 클래스로 구분하며 자식 클래스는 부모 클래스의 속성과 메소드를 그대로 가져와 재사용하게 됩니다. 이를 클래스 상속이라고 표현합니다. 클래스를 상속할 경우에는 자식 클래스는 부모 클래스와는 조금 다른 기능이 부가되거나 확장되는 것이 보통입니다. 자식 클래스가 부모 클래스를 그대로 상속만 한다면 차이가 없습니다. 차이가 없다면 굳이 자식 클래스를 만들 필요가 없이 부모 클래스만 사용하면 되기 때문입니다.

다음 코드는 클래스 상속에 대한 예제입니다. 간단한 예를 통해 클래스의 상속에 대하여 파악해 봅시다.

**sketch.js**

```javascript
let cat, dog;
function setup() {
  cat = new Cat();
  dog = new Dog();
  print(cat.age);
  cat.meow(), cat.eat(), cat.sleep();
  print(dog.age);
  dog.bark(), dog.eat();
  dog.sleep();
}

class Animal {
  constructor() {
    this.age = 0;
  }
  eat() {
    print("Omnom!");
  }
  sleep() {
    print("ZzzzZ");
  }
}
class Cat extends Animal {
  constructor() {
    super();
  }
  meow() {
    print("MEOW!");
  }
}

class Dog extends Animal {
  constructor() {
    super();
    this.age = 3;
  }
  bark() {
    print("WOOF!");
  }
}
```

위 예제는 print() 함수에 의해서 콘솔에 텍스트만 출력하는 코드입니다. 우선 Cat클래스에서 cat 이라는 객체와 Dog클래스에서 dog라는 객체를 만들고 있습니다. 또한 Cat클래스와 Dog클래스는 Animal이라는 클래스를 상속하고 있습니다. Animal클래스의 속성과 메소드로는 age, eat(), sleep() 가 있습니다. Cat클래스에는 super(), meow()만 있습니다. 그럼에도 cat.age, cat.eat(), cat.sleep() 가 있는 것처럼 동작합니다. 이것은 따로 Cat 클래스에서 만들어 주지 않아도 Animal클래스의 속성과 메소드를 모두 상속받았기에 눈에 보이는 코드는 없지만 동작을 하는 것입니다. 이렇게 상속이라는 개념을 사용하면 클래스 만들기가 수월해집니다. 자동차 게임을 만든다고 하면 자동차라는 클래스를 만들고, 상황에 따라 자동차를 상속받은 스포츠카 클래스를 만들거나, SUV 클래스, 트럭 클래스 처럼 자식 클래스를 만들수 있기 때문입니다. 이때 상속받은 부모 클래스를 슈퍼 클래스라고 하기도 합니다. 위의 코드 중에 super()라는 함수는 바로 부모의 속성을 지칭하는 것입니다. super() 를 통해 부모의 속성을 가지고 오는데 일부 변수만 수정해서 사용하는 것입니다. 메소드는 굳이 코드를 작성하지 않아도 부모의 메소드가 상속되며 이 중에서 메소드를 수정해야 할 경우에는 메소드 오버라이드(메소드 덮어쓰기)라고 해서 해당 메소드만 같은 이름으로 재정의해 주면 됩니다.

상속이라는 개념에 따라 앞 장에서 살펴봤던 버블에 상어 한 마리 추가했습니다. 버블 클래스를 상속해서 상어의 공기 방울을 표현해 보았습니다.

```javascript
sketch.js
let bubble = [], air= [];
let bubbles = 200;
let img_shark, babyshark;

function preload(){
  img_shark = loadImage('babyshark.png');
}

function setup() {
  createCanvas(500, 400);
  for(let i=0; i<bubbles; i++){
    let r = random(255);
    let g = random(255);
    let b = random(255);
    let a = random(50, 255);
    let d = random(5, 30);
    bubble[i] = new Bubble(r, g, b, a, d);
  }
```

## 06 오브젝트와 클래스

```
    babyshark = new Shark();
    for(let i=0; i<20; i++){
      air[i] = new Air();
      air[i].x = babyshark.x + 150
    }
  }

  function draw() {
    background(0, 200, 220);
    for(let i=0; i<bubbles; i++){
      bubble[i].draw();
      bubble[i].move();
    }
    babyshark.show();
    for(let i=0; i<20; i++){
      air[i].draw();
      air[i].move();
    }
    babyshark.move();
  }
```

**bubble.js** (클래스를 별도의 파일로 저장)

```
  class Bubble{
    constructor(r, g, b, a, d){
      this.x = random(width);
      this.y = random(height, height*2);
      this.d = d;
      this.red = r;
      this.green = g;
      this.blue = b;
      this.alpha = a;
    }

    draw(){
      fill(this.red, this.green, this.blue, this.alpha);
      circle(this.x, this.y, this.d);
    }
```

```
  move(){
    this.x += random(-2, 2);
    this.y -= 2;
    if (this.y < 0) {
      this.x = random(width);
      this.y = random(height, height * 2);
    }
  }
}

class Air extends Bubble{
  constructor(){
    super();
    this.y = 280;
    this.d = 10;
  }
  move(){
    this.x += random(-2, 2);
    this.y -= random(10);
    if(this.y<0){
      this.x = babyshark.x+150;
      this.y = 280;
    }
  }
}
```

**shark.js (클래스를 별도의 파일로 저장)**

```
class Shark{
  constructor(){
    this.x = 100;
    this.y = 250;
    this.img = img_shark;
  }

  show(){
    image(this.img, this.x, this.y);
  }

  move(){
    this.x += 2;
    if(this.x > width){
      this.x = -100;
    }
  }
}
```

〈shark 이미지 출처 : pixabay.com〉

　클래스 Air는 부모 클래스인 Bubble의 프로퍼티와 매소드를 상속하여 사용합니다. 단, 클래스 Air의 경우 처음 그려지는 위치가 상어의 코 주변입니다. 또한 Bubble에 비해서 크기도 작게 그리도록 constructor() 함수에서 this.y와 this.d를 별도로 설정합니다. move() 매소드에서는 화면 밖으로 사라진 공기방울의 다시 그려지는 위치를 상어 오브젝트의 x좌표를 기준으로 하였습니다. 이때 상어는 계속해서 움직이기 때문에 실시간으로 변하는 좌표를 babyshark.x로 나타냅니다. 그리고 코의 위치는 babyshark.x에 150px을 더한 babyshark.x+150로 표현합니다.

## 6.6 클래스 응용하기

앞 장의 Bubble 클래스에서는 간단하게 원을 그리는 형태로 코드를 만들어 보았습니다. 이번에는 이미지를 클래스로 만들어 보겠습니다. 여기에서는 다스베이더를 사용했지만, 게임에서는 습득할 아이템, 적의 비행기 또는 미사일을 발사할 경우 미사일을 클래스로 표현할 수 있을 것입니다.

[출처 : pixabay.com]

**sketch.js**
```
let darth = [];
let img_back;
let img_darth;
let numDarth = 100;
function preload(){
  img_back = loadImage('tatooine.jpg')
  img_darth = loadImage('darth.png');
}
function setup() {
  createCanvas(img_back.width, img_back.height);
  for(let i=0; i<numDarth; i++){
    darth_width = random(30, 100);
    darth_height = darth_width*1.24;
    darth[i] = new Darth(darth_width, darth_height);
  }
}
function draw() {
  background(img_back);
  for(let i=0; i<darth.length; i++){
    darth[i].down();
    darth[i].show();
  }
}
```

### darth.js (클래스를 별도의 파일로 저장)

```
class Darth{
  constructor(w, h){
    this.x = random(width-w);
    this.y = -random(height+h);
    this.width = w;
    this.height = h;
    this.img = img_darth;
  }

  show(){
    image(this.img, this.x, this.y, this.width, this.height);
  }

  down(){
    this.y += 2;
    if (this.y > height) {
      this.x = random(width-this.width);
      this.y = -random(height+this.height);
    }
  }
}
```

[출처 : pixabay.com]

# 07 p5.speech 라이브러리

p5.js로 작업한 프로젝트에 말하기와 듣는 능력을 추가해 봅시다.

○ p5.Speech 한국어로 말하기
○ p5.Speech 외국어로 말하기
○ p5.SpeechRec 한국어 받아쓰기
○ p5.SpeechRec 외국어 받아쓰기
○ p5.Speech와 p5.SpeechRec를 활용하여 받아쓰고 읽어주기

이와 같은 예제들을 작성해 보면서 기능들을 이해하도록 하겠습니다. 요즘은 스마트폰 AI비서나 AI스피커들이 성능이 좋아져 말하기도 자연스럽고 더 좋은 목소리로 읽어주기 때문에 p5.speech 라이브러리가 제공하는 기능이 부족하다고 느껴질 수도 있습니다. 그러나 규모가 큰 대기업들이 많은 고급 인력과 대규모 자원을 투입해서 제공하는 기술과 내가 무언가를 스스로 만들어가는 것은 차원이 다르다는 것을 여러분은 알 것이라 생각하고 설명을 이어가겠습니다.

## 7.1 p5.speech 라이브러리 설치하기

p5.js는 한국어와 외국어를 인식하고 말하는 능력까지 지니고 있습니다. 이러한 기능을 사용하기 위해서는 p5.speech 라이브러리를 사용해야 합니다. 우선 p5.sound라는 라이브러리는 바로 사용가능 하도록 설정이 되어 있어서 별다른 추가 작업 없이 바로 sound와 관련된 함수들을 사용할 수 있었지만, p5.speech 라이브러리는 파일 형태로 제공되기 때문에 다운로드 받아서 내 프로젝트에 설치하여야 합니다.

## 07 p5.speech 라이브러리

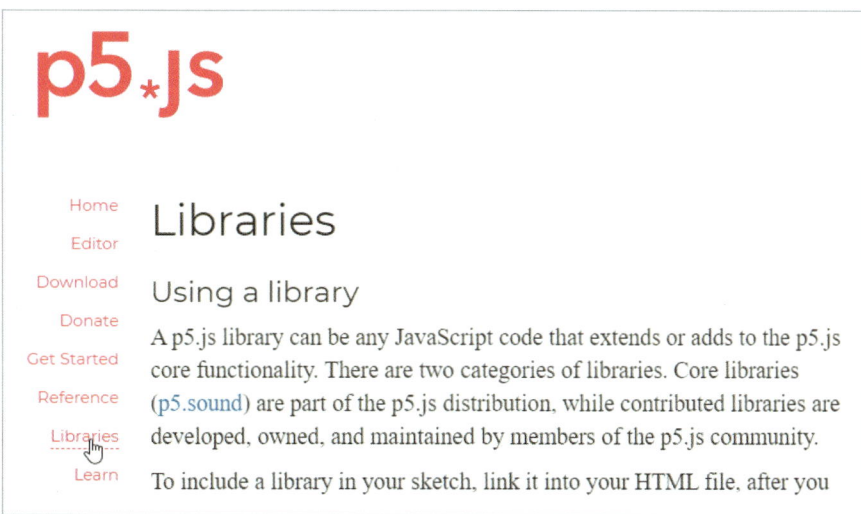

p5js.org에서 라이브러리를 선택하면 많은 종류의 라이브러리에 대한 정보가 모여 있습니다. 이 중에서 아래 그림처럼 p5.speech 항목을 찾아서 클릭해 봅시다.

p5.speech를 찾아서 클릭하면 p5.speech를 제공하는 사이트로 연결됩니다.
(https://idmnyu.github.io/p5.js-speech/) p5.speech 라이브러리는 예제를 포함한 여러 가지 파일이 하나의 압축파일 형태로 제공됩니다. 위 ZIP 파일을 다운로드한 다음 압축파일의 압축을 풀면 압축을 푼 폴더 내에 lib 폴더가 있을 것입니다. 이곳에 p5.speech.js 파일이 있습니다. 이 파일이 라이브러리 파일입니다.

라이브러리를 다운받기 위한 또 다른 방법으로는 위 화면에서 Library only를 클릭하면 그림처럼 라이브러리 파일의 소스코드를 볼 수 있을 것입니다.

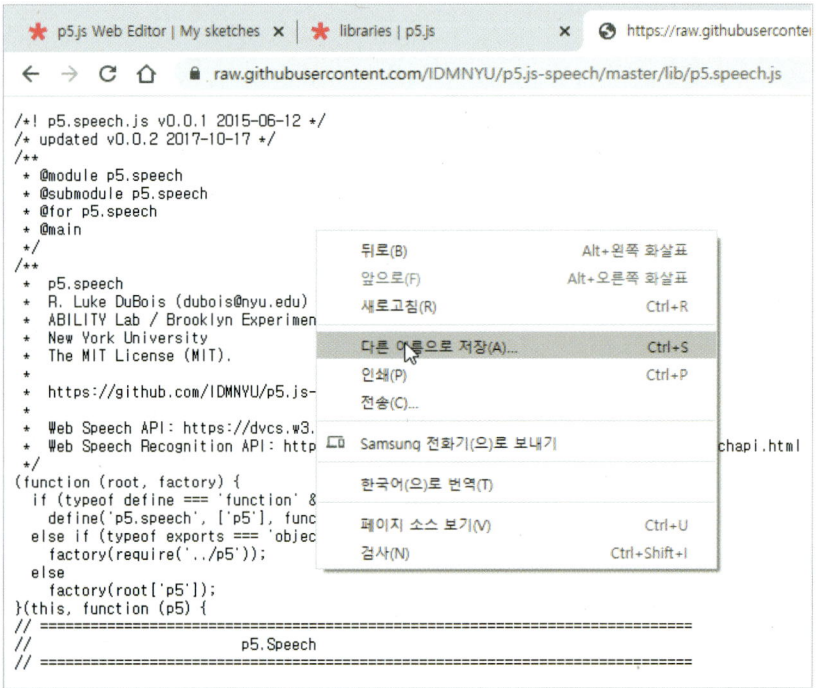

라이브러리 소스코드가 그대로 드러난 상태에서 마우스 오른쪽 버튼을 클릭하여 다른 이름으로 저장을 눌러 다음처럼 저장하면 됩니다. 파일 이름은 p5.speech.js로 저장합니다.

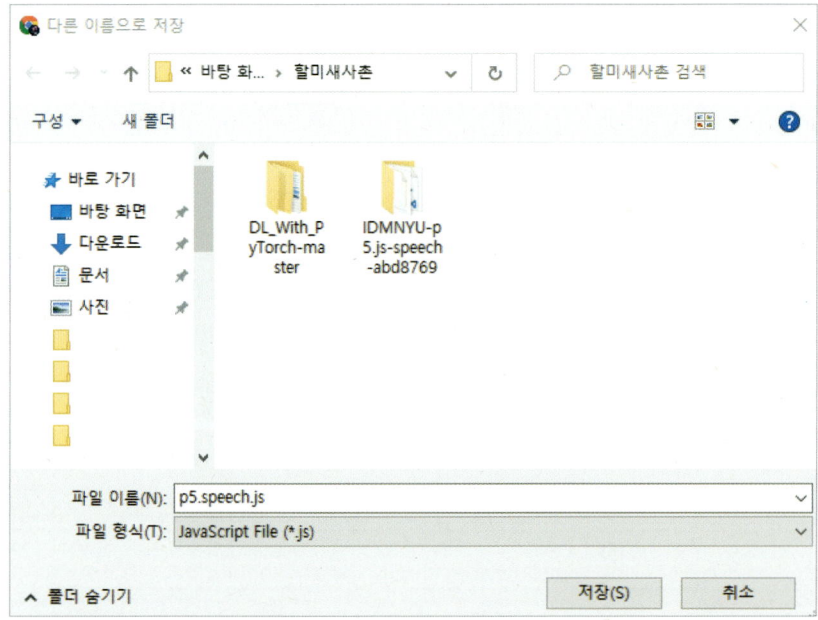

p5.speech.js 파일을 다운로드 받았다면, 이 파일을 내가 작업하는 p5.js 웹에디터 클라우드 저장소에 업로드 해야 합니다.

```
2   <html lang="en">
3     <head>
4       <script src="https://cdnjs.cloudflare.com/ajax/libs/p5.js/1.5
5       <script src="https://cdnjs.cloudflare.com/ajax/libs/p5.js/1.5
6       <script src="p5.speech.js"></script>
7       <link rel="stylesheet" type="text/css" href="style.css">
8       <meta charset="utf-8" />
9
10    </head>
11    <body>
12      <main>
13      </main>
14      <script src="sketch.js"></script>
15    </body>
16  </html>
```

위 그림처럼 p5.speech.js 파일을 업로드하고, index.html에 파일을 사용할 수 있도록 다음과 같이 연결해 주어야 합니다.

<script src="p5.speech.js"></script>

이제 준비 작업은 모두 마쳤습니다.

p5.speech 라이브러리에는 크게 2가지의 클래스가 포함되어 있습니다. 하나는 p5.Speech이고, 다른 하나는 p5.SpeechRec입니다. p5.Speech는 스피커를 통한 말하기 기능에 대한 클래스이며, p5.SpeechRec는 마이크를 통한 듣기와 관련된 기능들이 구현되어 있습니다.

# p5.speech

Web Audio Speech Synthesis and Speech Recognition Implementation for p5.js (http://p5js.org)

R. Luke DuBois (dubois@nyu.edu)
ABILITY Project / Brooklyn Experimental Media Center
NYU

**p5.speech** is a simple p5 extension to provide Web Speech (Synthesis and Recognition) API functionality. It consists of two object classes (p5.Speech and p5.SpeechRec) along with accessor functions to speak and listen for text, change parameters (synthesis voices, recognition models, etc.), and retrieve callbacks from the system.

Speech recognition requires launching from a server using HTTPS (e.g. using a python server on a local machine… a 'file' URI won't work).

## 7.2 텍스트를 한국어로 말하기

p5.js에 한국어는 물론 외국어로 말하는 능력을 부여해 봅시다. 내가 코딩하는 프로그램이 한국어 또는 중국어와 같이 말하기 능력을 갖게 된다는 것은 또 다른 가능성을 지니게 되는 것을 뜻하므로 다뤄보도록 하겠습니다.

```javascript
// sketch.js
let speech;
let inp;
let notice='안녕하세요. 여러분과 같이 공부하게 되어 반갑습니다.';

function setup(){
  noCanvas();
  speech = new p5.Speech();
  inp = createInput('');
  btn = createButton('Text To Speech')
  btn.mousePressed(textToSpeech);
  korea();
}

function korea(){
  speech.speak(notice);
  createP(notice);
}

function textToSpeech(){
  speech.setLang('ko');
  speech.setVoice('Google 한국의');
  speech.speak(inp.value());
}
```

p5.speech.js 라이브러리의 p5.Speech 클래스에서 객체(Object)를 하나 생성합니다.
createInput()은 HTML 태그의 <input>으로 텍스트를 입력받는 DOM 요소를 만드는 함수입니다. 여기에서는 텍스트 입력박스에 글자를 입력하면 입력된 글자를 말하기 기능으로 읽어주기 위한 것입니다. setLang()은 사용하고자 하는 언어를 설정하는 함수입니다. 'ko'이면 한국어를 의미합니다.

setVoice()는 어떤 목소리로 읽어 줄 것인가 설정하는 함수인데, 잘못 설정하면 외국인이 한국어를 읽어주는 듯 어색합니다. 테스트를 통해 가장 마음에 드는 목소리를 선택해주기 바랍니다. speak() 는 텍스트를 말로 읽어주는 함수입니다. inp.value()는 앞서 설명한 createInput() 함수에 의해 만들어진 텍스트 입력 박스에 입력된 값을 의미합니다.

> **Reference**
>
> **p5.Speech**
>
> *constructor*
>
> - **default_voice**: optional argument to set the default synthesizer voice by number (see *listVoices()*) or by name.
>
> *methods*
>
> - **cancel()**: silently cancels the current utterance and clears any queued utterances.
> - **listVoices()**: debugging statement. Lists available synthesis voices to the JavaScript console.
> - **pause()**: pause the current utterance. The *onPause()* callback will fire.
> - **resume()**: resumes the current utterance. The *onResume()* callback will fire.
> - **setLang(language)**: sets the language interpreter for the synthesizer voice. Argument is BCP-47; Default is 'en-US'.
> - **setPitch(pitch)**: sets playback pitch of synthesized speech from 0.01 (very low) to 2.0 (very high). Default is 1.0; not supported by all browser / OS combinations.
> - **setRate(rate)**: sets rate of speech production from 0.1 (very slow) to 2.0 (very fast). Default is 1.0; not supported by all browser / OS combinations.
> - **setVoice(voice)**: sets synthesizer voice by number (see listVoices()) or by name; equivalent to the default_voice parameter passed with the constructor.
> - **setVolume(volume)**: sets synthesizer volume in the range of 0.0 (silent) to 1.0 (default=max volume).
> - **speak(utterance)**: instructs the synthesizer to speak the string encoded in utterance. Depending on the interrupt property, additional calls to *speak()* will queue after or interrupt speech actively being synthesized. When synthesis begins, the *onStart()* callback will fire; when synthesis ends, the *onEnd()* callback will fire.
> - **stop()**: stops the current utterance. The *onEnd()* callback will fire.

참고로 p5.Speech 클래스의 레퍼런스를 잠깐 소개하겠습니다. 더 많은 내용이 있으니 자세한 것은 p5.speech의 라이브러리를 참고하기를 바랍니다.

위 레퍼런스를 살펴보면 setLang()의 기본 세팅은 'en-US'로 되어 있습니다. 미국식 영어라는 의미입니다. 한국어는 'ko'이며, 중국어는 'zh'입니다. 한국어 말하기를 성공하면 일본어 말하기 예제도 작성해 보도록 하겠습니다. 일단 한국어부터 실행해 보겠습니다.

선택할 수 있는 setVoice()는 다음과 같습니다. setVoice(13)과 setVoice('Google 한국의')는 같은 보이스입니다.

```
0: Microsoft Heami Desktop - Korean
1: Microsoft Zira Desktop - English (United States)
2: Google Deutsch
3: Google US English
4: Google UK English Female
5: Google UK English Male
6: Google español
7: Google español de Estados Unidos
8: Google français
9: Google हिन्दी
10: Google Bahasa Indonesia
11: Google italiano
12: Google 日本語
13: Google 한국의
14: Google Nederlands
15: Google polski
16: Google português do Brasil
17: Google русский
18: Google 普通话(中国大陆)
19: Google 粤語(香港)
20: Google 國語(臺灣)
```

저도 반가워요    [Text To Speech]
안녕하세요. 여러분과 같이 공부하게 되어 반갑습니다.

## 7.3 텍스트를 일본어로 말하기

필자의 컴퓨터에 일본어 글꼴이나 자판이 설치된 것이 아니고 필자가 일본어를 잘하는 것도 아니라 구글 번역기로 일본어를 만든 다음에 복사해서 입력해 보았습니다.

**sketch.js**
```
let speech;
let inp;
let notice='こんにちは。皆さんと一緒に勉強になって嬉しいです。';

function setup(){
  noCanvas();
  speech = new p5.Speech();
  inp = createInput('');
  btn = createButton('Text To Speech');
  btn.mousePressed(textToSpeech);
  speech.speak(notice);
  createP(notice);
}

function textToSpeech(){
  speech.setLang('euc-jp');
  speech.setVoice(12);
  speech.speak(inp.value());
  createP(inp.value());
}
```

위 코드를 실행하면 처음에는 이상한 발음으로 일본어를 읽게 될 것입니다. 기본 세팅인 영어로 일본어를 읽어서 그렇습니다. p5.Speech의 Voice가 메모리에 로딩되는 데는 약간의 시간이 필요합니다. 로딩이 완료된 후에는 정상적으로 일본어를 읽어줄 것입니다.

## 7.4 웹폰트와 캔버스 폰트

우리는 그동안 텍스트를 별 문제 없이 사용해 왔습니다. 캔버스에서 text() 함수를 통하여 문자를 출력했고, 웹페이지에 createP() 함수, creatDiv() 함수 등을 통해서 별 어려움 없이 텍스트를 출력해 왔습니다. 좀 더 구체적으로 알아볼 때가 된 것 같습니다. 자바스크립트는 웹프로그래밍 언어라고 했습니다. 따라서 웹문서에서 기본적으로 설정되어 있는 서체를 사용해 왔습니다. 이러한 웹문서에 적용되는 폰트를 웹폰트라고 합니다. 컴퓨터에 설치해서 사용하는 폰트와는 다릅니다. 인터넷에서는 이러한 웹폰트를 지원해 주는 사이트가 많습니다. 대표적인 사이트가 '구글의 폰트 지원(Goole Fonts)' 사이트입니다.

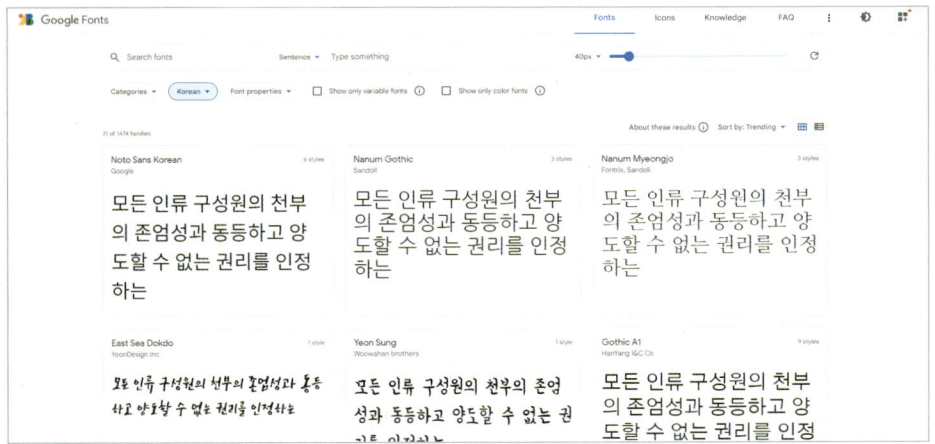

이러한 폰트를 어떻게 내 웹페이지에서 사용할 수 있는지 알아보도록 하겠습니다. 우선 아래와 같이 마음에 드는 폰트를 선택합니다.

우측 상단의 View selected families를 클릭합니다. 그리고 Select Regular 400 버튼을 클릭합니다.

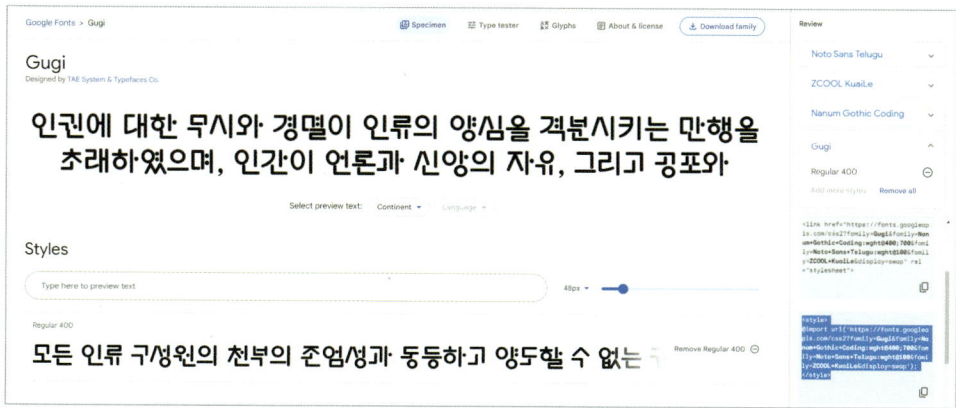

우측에 제공되는 폰트 서식 정보를 복사합니다.

```
<style>
    @import url('https://fonts.googleapis.com/css2?family=Gugi&display=swap');
</style>
```

그림과 같이 index.html에 붙여넣기 합니다.

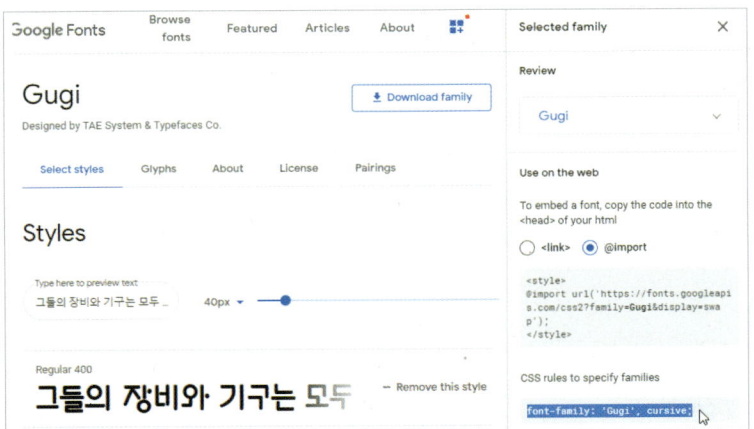

그리고 위 화면으로 다시 돌아가서 CSS rules to specify families의 코드를 복사합니다.

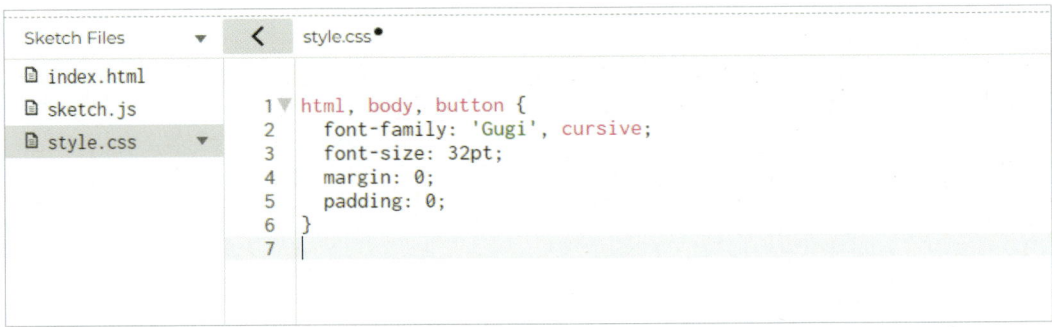

이번에는 style.css 파일에 그림과 같이 폰트를 적용하고자 하는 곳에 붙여넣습니다. 추가로 폰트의 크기까지 설정할 수 있습니다. 위 그림에서는 html, body, button에 새로운 폰트 'Gugi'를 32pt 크기로 적용하겠다는 의미입니다. 위 그림처럼 button 태그가 없는 경우에는 style.css 파일에 button 태그를 직접 입력하면 됩니다.

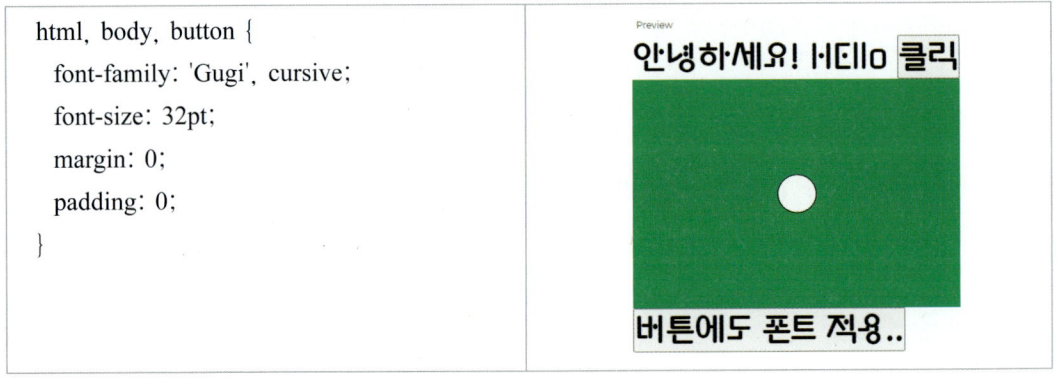

이와같이 적용하면 웹페이지의 html, body, button에 새로운 폰트가 적용됩니다.

이것은 웹페이지에 출력되는 텍스트에만 영향을 미칩니다. 캔버스 내에서 사용하는 text() 함수에 적용되는 폰트는 아닙니다.

캔버스 내에서 출력되는 텍스트에도 새로운 폰트를 적용해 봅시다. 또 다른 웹폰트 제공 사이트를 소개합니다. '눈누'라는 사이트입니다.

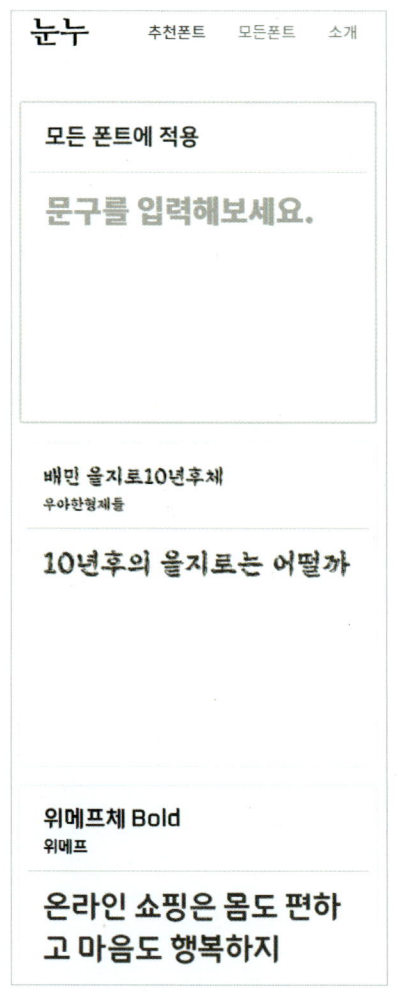

위 사이트에서도 마음에 드는 폰트를 선택하겠습니다.

위 화면에서 복사하기를 한 다음 index.html 붙여넣기를 하면 앞에서 했던 html, body, button 에 적용됩니다. 그런데 우리는 캔버스에 적용되는 폰트를 사용하고 싶은 것입니다. 따라서 복사하기가 아닌 아래의 코드에서 url 부분만 복사하겠습니다.

```
@font-face {
    font-family: 'SangSangFlowerRoad';
    src:
        url('https://cdn.jsdelivr.net/gh/projectnoonnu/noonfonts_three@1.0/
            SangSangFlowerRoad.woff') format('woff');
    font-weight: normal;
    font-style: normal;
}
```

위 코드에서 아래 부분만 필요하다는 뜻입니다.
'https://cdn.jsdelivr.net/gh/projectnoonnu/noonfonts_three@1.0/SangSangFlowerRoad.woff'
위의 웹폰트 url을 아래와 같이 loadFont() 함수에 적용시켜 보겠습니다.

**sketch.js**
```
let koFont;

function preload(){
  koFont = loadFont('https://cdn.jsdelivr.net/gh/projectnoonnu/noonfonts_three@1.0/
        SangSangFlowerRoad.woff');
}

function setup() {
  createCanvas(425,300);
  click=createButton("버튼에도 폰트 적용..");
}

function draw() {
  background('#00AA66');
  circle(width/2, height/2, 50);
  textFont(koFont);
  textSize(40);
  fill(255, 255, 0);
  text("Canvas안에서 text명령으로 적용되는 폰트",0,50);
}
```

폰트가 적용된 text() 함수에 의해 다음처럼 실행됩니다. 폰트 적용이 복잡한 듯 보이지만, 웹페이지를 다루는 것이 기본이고 이 웹페이지에 추가적인 기능을 부여하기 위한 것이 자바스크립트라는 점을 항상 염두에 두어야 합니다. 웹페이지의 폰트 적용 방법과 프로그래밍 언어에서 폰트를 적용하는 것이 다르기 때문에 발생하는 현상입니다.

■ loadPont(path, [callback], [onError])

loadPont()는 파일 또는 url로부터 폰트 파일(.otf, .ttf)을 불러오는 함수입니다. path는 폰트 파일이 있는 경로입니다. callback() 함수는 폰트 파일을 성공적으로 불러왔을 때 실행하는 콜백함수 입니다. onError() 함수는 폰트 파일 불러오기를 실패했을 때 실행하는 콜백함수 입니다.

## 7.5 한국어를 캔버스에 텍스트로 받아쓰기

한글을 받아쓰기하는 프로그램입니다. 한글을 표시하는 폰트는 외부의 웹폰트를 적용하였고, 글을 쓰는 곳은 캔버스입니다.

**sketch.js**
```javascript
let recSpeak;
let kofont;
let y=20;
function preload(){
  koFont = loadFont('https://cdn.jsdelivr.net/gh/projectnoonnu/noonfonts_twelve@1.0/
      행복고흥L.woff');
}
function setup() {
  createCanvas(500, 400);
  background(220);
  let lang = 'ko';
  recSpeak = new p5.SpeechRec(lang, results);
  recSpeak.start(true, false);
}
function results(){
  if(recSpeak.resultValue){
    fill(0);
    textFont(koFont,24);
    text(recSpeak.resultString, 10, y);
    y+=25;
  }
}
```

위의 코드를 실행하여 책의 한 구절을 읽어 보았습니다.

## 7.6 중국어를 웹문서의 텍스트로 받아쓰기

index.html 파일에 앞에서 설명한 웹폰트를 url(웹폰트가 있는 주소)을 이용하여 적용하여 보았습니다.

**index.html**

```
<!DOCTYPE html>
<html lang="en">
  <head>
    <script src="https://cdnjs.cloudflare.com/ajax/libs/p5.js/1.5.0/p5.js"></script>
    <script src="https://cdnjs.cloudflare.com/ajax/libs/p5.js/1.5.0/
             addons/p5.sound.min.js"></script>
    <script src="p5.speech.js"></script>
    <style>
      @import url('https://fonts.googleapis.com/css2?family=Long+Cang&display=swap');
    </style>
    <link rel="stylesheet" type="text/css" href="style.css">
    <meta charset="utf-8" />
  </head>
  <body>
    <script src="sketch.js"></script>
  </body>
</html>
```

style.css 파일에 웹폰트를 적용할 부분(html, body)과 폰트 크기를 32pt로 설정하였습니다.

**style.css**

```
html, body {
  font-family: 'Long Cang', cursive;
  font-size: 32pt;
  background-color: #AACC00;
  margin: 20;
  padding: 0;
}
canvas {
  display: block;
}
```

### sketch.js

```javascript
let recSpeak;
let y=30;

function setup() {
  noCanvas();
  let lang = 'zh';
  recSpeak = new p5.SpeechRec(lang, results);
  recSpeak.start(true, false);
}

function results(){
  if(recSpeak.resultValue){
    createP(recSpeak.resultString);
  }
}
```

다음은 중국어 몇 마디를 받아쓰기 한 결과입니다. 캔버스가 아니라 웹페이지에 html 문자를 출력한 것입니다.

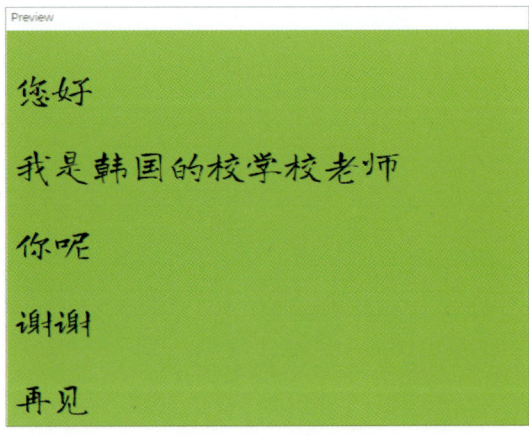

**7.7 컴퓨터로 받아쓰고 컴퓨터가 읽어주기**

여기에서는 그동안 학습한 말하기와 받아쓰기 기능을 합쳐서 받아적고, 받아적은 글을 컴퓨터의 목소리로 다시 읽어주는 프로그램을 만들어 보았습니다. 캔버스에 글을 출력할 수도 있겠지만, 여기에서는 웹문서에 글을 출력하는 방식으로 만들어 보겠습니다.

sketch.js
```
let talk;
let recSpeak;

function preload(){
  talk = new p5.Speech();
}

function setup() {
  noCanvas();
  let lang = 'ko';
  recSpeak = new p5.SpeechRec(lang, results);
  recSpeak.start(true, false);
}

function results(){
  if(recSpeak.resultValue){
    createP(recSpeak.resultString);
    talk.setVoice(13);
    talk.speak(recSpeak.resultString);
  }
}
```

중국어 받아쓰기를 했던 단원에서 이미 설명했듯이 index.html에 폰트 url을 적용하는 방법도 있지만, 아래처럼 CSS 파일에 폰트(@font-face)를 적용하는 방법도 있습니다. 결과는 같으므로 편한 방법을 사용하기 바랍니다.

**style.css**

```css
@font-face {
    font-family: 'JSArirangHON-Regular';
    src: url('https://cdn.jsdelivr.net/gh/projectnoonnu/noonfonts_2001@1.1/JSArirangHON-RegularA1.woff') format('woff');
    font-weight: normal;
    font-style: normal;
}

html, body {
  font-family:'아리랑', 'JSArirangHON-Regular';
  font-size: 24pt;
  margin: 0;  padding: 0;
}
canvas {
  display: block;
}
```

Preview

셰익스피어는 4대 비극을 통해 선한 인물이든 악한 인물이든 태어나서 똑같이 겪어야 할 고통과 비극을 그려냄으로써

인간으로 태어난 것

즉 존재의의에 대해 깊이 말해 줍니다

# 08 HTML과 DOM

Javascript는 웹 프로그래밍 언어이기 때문에 출력되는 결과는 HTML 문서입니다. 웹브라우저에서 이 웹문서(HTML)를 불러와 우리에게 보여줍니다. 이러한 문서 규칙을 HTML5를 따르고 있기 때문에 HTML5를 따르고 있는 모든 웹브라우저에서는 호환이 됩니다. 이 책에서는 HTML문서를 설명하는 책이 아니기 때문에 자세한 설명은 하지 않겠지만 DOM이라는 용어 정도는 알고 있을 필요는 있습니다. DOM은 Document Object Model의 약자로, HTML문서를 트리 형태로 구조화하고 각 요소를 객체화 시키는 규약입니다. 웹문서를 구성하는 각 요소를 객체화 시키면 웹문서에만 사용하던 데이터들을 Javascript와 같은 웹 프로그래밍 언어에서 사용할 수 있게 되므로 p5.js와 같은 언어에서도 DOM을 지원하고 있는 것입니다.

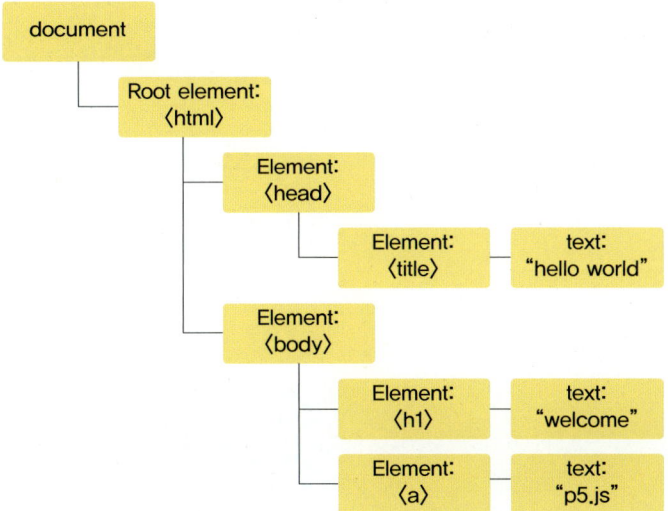

## 8.1 createDiv, createSpan, createP, createElement

crerateDiv()는 HTML 태그의 <div>를 만들어 주는 함수입니다. <div>는 주로 웹문서(HTML)의 문서 레이아웃을 정하기 위한 것이며, 특별한 내용 없이 문자열을 입력하면 웹페이지에 문자를 출력하는 용도로도 사용합니다.

HTML 문서에서 <div> 안녕하세요 </div>와 같은 결과를 보여줍니다.

```
sketch.js
function setup() {
  createCanvas(400, 100);
  background('#AADD00');
  fill('#FF00FF');
  circle(width/2, height/2, 80);
  webDocument();
}

function webDocument() {
  createDiv('<h1>안녕하세요</h1>');
  createDiv('<hr>만나서 반갑습니다.');
  createDiv('DOM 이란 웹문서(HTML 문서)의 요소들을 객체로 만들어 <br>
            자바스크립트 등에서 활용가능하도록 만든 문서구조 입니다.');
  createDiv('HTML의 < div > Tag 를 생성해 주는 p5.js의 함수 createDiv( )');
}
```

p5js.org의 레퍼런스를 선택하면 p5.js에서제공하는 함수와 시스템 변수에 대한 정보가 모여 있습니다. 그 중에 문서 객체 모델 (DOM) 함수의 기능을 검색해 봅시다. 래퍼런스에 있는 문서 객체 모델 (DOM) 렌더링에서 createDiv() 함수를 클릭하여 설명을 확인해 봅시다.

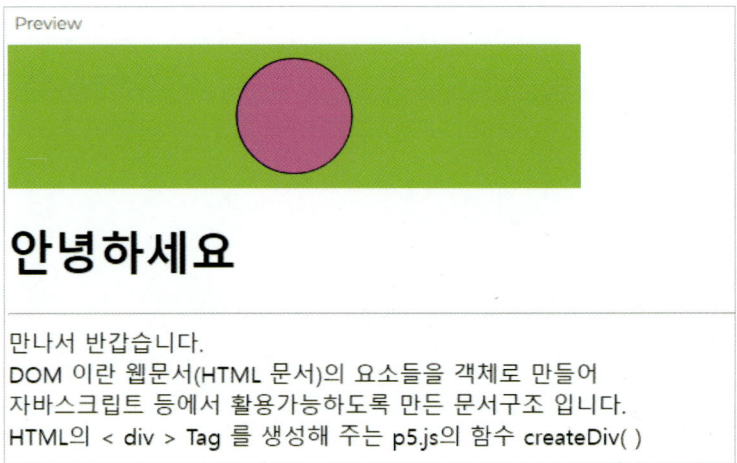

```
문서 객체 모델 (DOM)렌더링
p5.Element                p5.Graphics
select()                  createCanvas()
selectAll()               resizeCanvas()
removeElements()          noCanvas()
changed()                 createGraphics()
input()                   blendMode()
createDiv()               drawingContext
createP()                 setAttributes()
createSpan()
createImg()
createA()
createSlider()
createButton()
createCheckbox()
createSelect()
createRadio()
createColorPicker()
createInput()
createFileInput()
createVideo()
createAudio()
createCapture()
createElement()
p5.MediaElement
p5.File
```

createSpan() 함수도 createDiv() 함수와 별 차이는 없습니다. <span> 태그를 만들어 주는 함수입니다.

```
sketch.js
function setup() {
  createCanvas(400, 100);
  background('#AADD00');
  fill('#FF00FF');
  circle(width/2, height/2, 80);
  webDocument();
}

function webDocument() {
  createSpan('<h1>안녕하세요</h1>');
  createSpan('<hr>만나서 반갑습니다.');
  createSpan('DOM 이란 웹문서(HTML 문서)의 요소들을 객체로 만들어 <br>
              자바스크립트 등에서 활용가능하도록 만든 문서구조 입니다.');
  createSpan('HTML의 < span > Tag 를 생성해 주는 p5.js의 함수 createSpan( )');
}
```

크롬에서 위의 결과를 확인하면 아래와 같습니다. 캔버스 아래로 쓰여진 부분입니다. createDiv() 함수와 createSpan() 함수의 실행 결과입니다

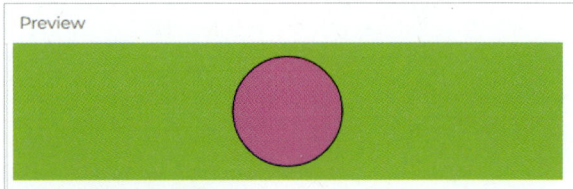

createP()는 HTML 태그 <P>를 만드는 함수입니다. <P>는 HTML 문서에 한 문단을 구성하는 태그입니다.

DOM에서 객체로 사용되는 태그는 매우 많습니다. 그 많은 태그를 전부 함수로 제공하는 것은 한계도 있지만, 불필요한 일입니다. 다음의 createElemnet() 함수만 알아도 충분합니다. createElement() 함수는 HTML의 태그를 직접 사용하여 DOM 객체를 생성하는 함수입니다

```javascript
function setup() {
  createCanvas(400, 100);
  background('#AADD00');
  fill('#FF00FF');
  circle(width/2, height/2, 80);
  webDocument();
}

function webDocument() {
  createElement('h1', '안녕하세요');
  createElement('h3', '만나서 반갑습니다.');
  createP('DOM 이란 웹문서(HTML 문서)의 요소들을 객체로 만들어 <br>
        자바스크립트 등에서 활용가능하도록 만든 문서구조 입니다.');
  createP('HTML의 < span > Tag 를 생성해 주는 p5.js의 함수 createSpan( )')
}
```

## 8.2 createImg, createA, createCanvas

■ **createImg**(src, alt)

createImg()는 HTML의 <img> 태그를 만드는 함수입니다. 이미지를 웹문서에 나타내어 주는데, src는 웹서버에 있는 이미지 파일의 path를 적거나, 인터넷 URL을 사용하면 이미지를 인터넷상에서 불러와 나타내어 줍니다. alt는 이미지가 불러오지 못했을 때 이미지 출력 공간에 나타나는 문자입니다. 보통 ' '(빈문자열)로 생략합니다.

■ **createA**(href, html, [target])

createA()는 HTML의 <A>에 해당하는 것으로 문서를 링크해 주는 역할을 하는 태그를 만드는 함수입니다. href는 링크된 문자열를 클릭했을 때 연결되는 url을 적습니다. HTML은 연결될 문자열을 적습니다. target은 _blank, _self, _parent, _top을 적어주는 곳으로 링크된 URL이 열릴 때 새로운 창으로 열 것인가, 현재 창에 열 것인가를 선택하는 기능입니다.

**sketch.js**
```
function setup() {
  createCanvas(400, 100);
  background('#FF00FF');
  fill(255, 255, 0);
  rectMode(CENTER);
  rect(width/2, height/2, 100, 80);
  webDocument();
}

function webDocument(){
  createSpan('<br>');
  createImg('https://p5js.org/assets/img/p5js.svg', '');
  createSpan('<br>');
  createA('https://p5js.org/', 'p5js.org 로 이동');
  createSpan('<br>');
  createImg('https://opengameart.org/sites/default/files/styles/medium/public/dungeon_7.png', '');
  createSpan('<br>');
  createA('https://opengameart.org/', '게임 스프라이트를 얻을 수 있는 곳');
}
```

createCanvas() 함수는 이미 설명을 한데다, 앞의 수많은 예제 코드들을 작성하면서 다뤄봤기에 설명은 더 하지 않겠습니다. canvas라는 이미지 공간을 만들기 위한 태그를 만들어 주는 함수입니다. 다만 canvas도 DOM에서 말하는 객체라는 점만 이해하기 바랍니다.

## 8.3 createSlider, createButton

createSlider() 함수는 슬라이더를 만들어 줍니다. 어떤 값을 조절하기 위한 도구입니다. 여기에서는 3개의 슬라이더를 만들어 RED, GREEN, BLUE의 색상을 보여주는 컬러 박스를 그려보도록 하겠습니다.

```js
sketch.js
let sliderR, sliderG, sliderB;

function setup() {
  createCanvas(400, 100);
  createP('');
  sliderR = createSlider(0, 255, 125);
  sliderR.position(0, 130);
  sliderR.size(400);
  sliderG = createSlider(0, 255, 125);
  sliderG.position(0, 150);
  sliderG.size(400);
  sliderB = createSlider(0, 255, 125);
  sliderB.position(0, 170);
  sliderB.size(400);
}

function draw(){
  background('#00FFFF');
  fill(sliderR.value(), sliderG.value(), sliderB.value());
  rectMode(CENTER);
  rect(width/2, height/2, 100, 80);
}
```

createButton() 함수는 웹문서에서 자주 보는 버튼을 만들어 줍니다. 로그인 버튼이나 글쓰기 버튼과 같은 것을 뜻합니다. 여기에서는 원을 하나 그리고, 이 원을 왼쪽, 오른쪽으로 이동시키는 버튼을 만들어 보았습니다.

**sketch.js**

```
let x = 200;
let button1, button2;

function setup() {
  createCanvas(400, 100);
  createP('');
  button1 = createButton('왼쪽');
  button1.position(0, 130);
  button1.size(100, 30);
  button1.mousePressed(left);
  button2 = createButton('오른쪽');
  button2.position(300, 130);
  button2.size(100, 30);
  button2.mousePressed(right);
}

function draw(){
  background('#00FFFF');
  fill(255, 0, 0);;
  circle(x, height/2, 80);
}

function left(){
  x-=5;
}

function right(){
  x+=5;
}
```

## 8.4 createCheckbox, crerateRadio

### ■ createCheckbox([label], [value])

createCheckbox() 함수는 선택사항에서 옵션을 선택할 경우 사용하는 체크박스를 만들어 주는 함수입니다. 체크박스 외에도 라디오버튼이라는 것도 있는데, 차이는 체크박스는 중복선택이 가능하다는 것이고, 라디오버튼은 한 개만 선택할 수 있다는 것입니다.

**sketch.js**
```
let chk1, chk2, chk3, chk4;

function setup() {
  createCanvas(500, 400);
  back_color = color(255, 255, 255);
  background(back_color);
  chk1 = createCheckbox('직사각형', false);
  chk2 = createCheckbox('동그라미', false);
  chk3 = createCheckbox('테두리선', true);
  chk4 = createCheckbox('SLOW/FAST', false);
  chk1.position(30, 420);
  chk2.position(130, 420);
  chk3.position(230, 420);
  chk4.position(330, 420);
  chk4.changed(drawSpeed);
}

function draw() {
  if(chk3.checked()){
    stroke(0);
  }else{
    noStroke();
  }
```

```
    if(chk1.checked()){
      fill(random(255), random(255), random(255), random(255));
      rect(random(width), random(height), random(100), random(100));
    }
    if(chk2.checked()){
      fill(random(255), random(255), random(255), random(255));
      circle(random(width)-50, random(height), random(100));
    }
  }

  function drawSpeed(){
    if(chk4.checked()){
      frameRate(6);
    }else{
      frameRate(60);
    }
  }
```

createCheckbox() 함수의 첫 번째 인수인 label은 화면에 보여지는 텍스트이며, 두 번째 인수인 value는 처음 시작할 때 True로 시작할 것인가, False로 시작할 것인가 입니다. 이것은 화면에서 체크 된 상태로 시작할 것인지, 체크가 되지 않은 상태로 시작할 것인가를 뜻합니다. Checkbox.changed() 함수는 체크박스를 선택하거나 선택해제할 때 실행하는 이벤트처리 함수입니다.

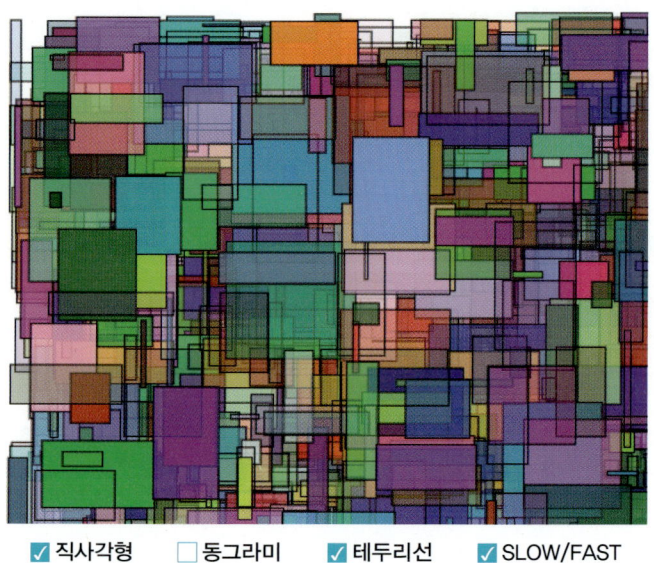

다음은 라디오버튼입니다. 라디오버튼은 createRadio() 함수로 만들 수 있습니다.

**sketch.js**
```
let radio;

function setup() {
  createCanvas(500, 400);
  radio = createRadio();
  radio.option(0, '선굵기:0');
  radio.option(1, '선굵기:1');
  radio.option(3, '선굵기:3');
  radio.option(10, '선굵기:10');
  radio.option(20, '선굵기:20');
  radio.position(20, 420);
  radio.changed(lineDraw)
}

function draw() {
  fill(random(255), random(255), random(255), random(255));
  circle(random(width), random(height), random(100));
}

function lineDraw(){
  if(radio.value() != 0){
    stroke(0);
    strokeWeight(radio.value());
  }else{
    noStroke();
  }
}
```

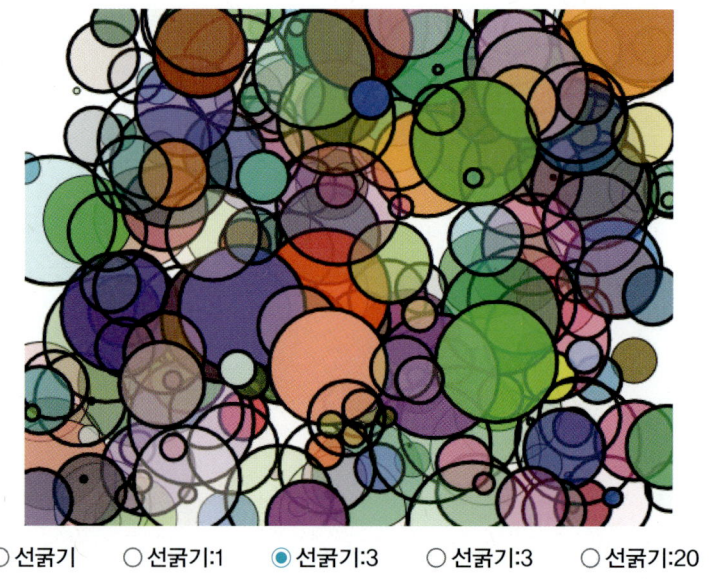

체크박스는 옵션 사항 하나하나가 별도의 객체들입니다. 체크박스들 간의 상호연관성이 없다는 뜻입니다. 그러나 라디오버튼은 각각의 선택사항들이 서로 간에 연결되어 있습니다. 하나를 선택하면 다른 선택사항은 선택이 해제가 되어야 하기 때문입니다. 따라서 라디오버튼은 전체가 하나의 객체로 보아야 하며, 각각의 옵션은 Radio.option(value, str)과 같이 설정해야 합니다. value는 각 라디오 옵션을 선택했을 때의 결괏값이며, str은 화면에 보여지는 문자열입니다.

## 8.5 createSelect, createColorPicker

이번에는 셀렉트 박스(Select box)입니다. 셀렉트 박스(선택박스)는 아래의 그림처럼 아래로 펼쳐지는 선택박스를 말합니다.

sketch.js
```
let sel;

function setup() {
  createCanvas(550, 400);
  sel = createSelect();
  sel.option('🍉');
  sel.option('🥝');
  sel.option('🍓');
  sel.option('🍅');
  sel.selected('🥝');
  sel.position(10, 10);
  sel.changed(fruit_pattern);
  fruit_pattern();
}

function fruit_pattern() {
  background(random(255), random(255), random(255));
  for(let i=0; i<50; i++){
    textSize(random(5, 80));
    textAlign(CENTER);
    text(sel.value(), random(width), random(height));
  }
}
```

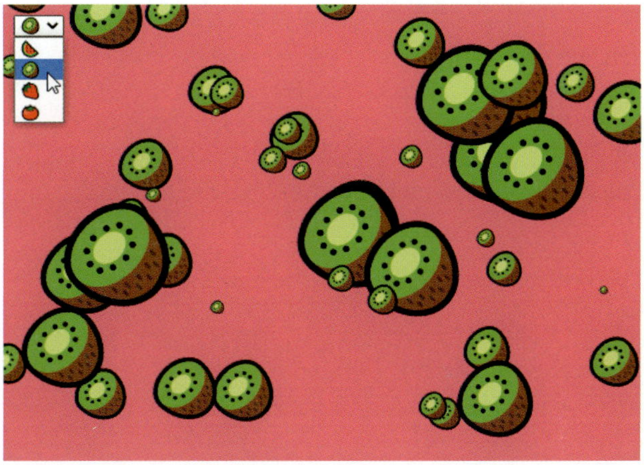

이미지에서는 캔버스 위에 셀렉트 박스가 나타나 있습니다. 위치만 캔버스 위에 있을 뿐 캔버스 이미지는 아닙니다. 그리고 글자 이모티콘이 겹쳐있는 상태로 보입니다. 위에서 🍓와 같은 이모티콘은 그림으로 처리한 것이 아니라 글자 이모티콘입니다. (문자이기 때문에 text() 함수로 처리한 것입니다.) Select.option()은 선택할 옵션을 추가하는 함수이며, Select.selected()는 처음 시작할 때 기본값으로 사용할 옵션을 지정하는 함수입니다.

다음은 컬러픽커 입니다. 컬러픽커는 색상정보를 선택할 수 있는 특징 외에는 다른 DOM 요소들과 같습니다.

```js
let picker;

function setup() {
  createCanvas(550, 400);
  picker1 = createColorPicker('#AADD00');
  picker2 = createColorPicker('#AADD00');
  picker1.position(50, 50);
  picker2.position(width/2-50, height/2-100);
  picker1.size(100,30);
  picker2.size(100,30);
}

function draw() {
  background(picker1.color());
  fill(picker2.color());
  circle(width/2, height/2, 300);
}
```

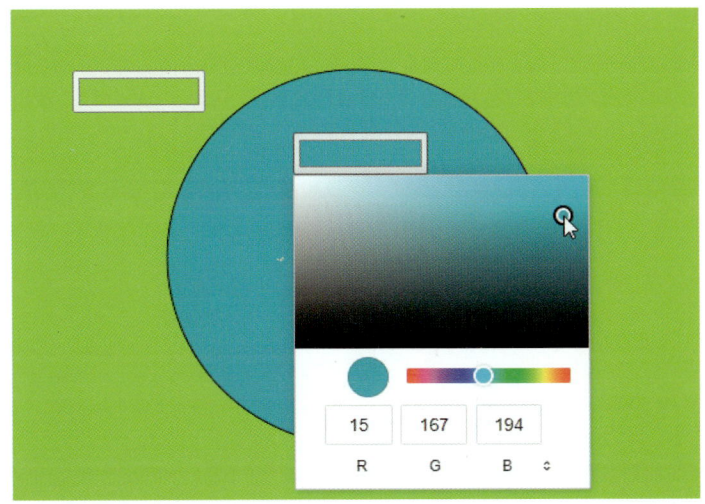

createColorPicker() 함수의 color 인수는 시작할 때 특정 색상값을 지정하는 것입니다. 생략하면 기본 색상값인 color(0, 0, 0)으로 설정됩니다. RGB의 각 색상값을 보여주지만, 다음 그림처럼 16진수로 변환된 HEX 코드로 볼 수도 있습니다.

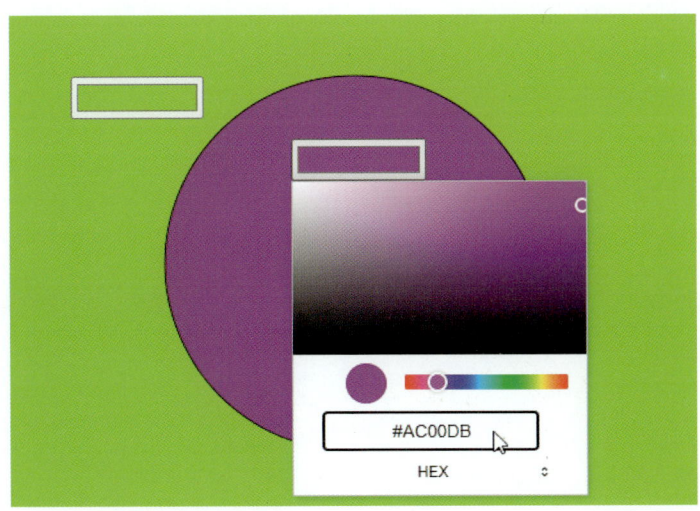

## 8.6 createInput, createFileInput

인터넷을 검색하다 보면 뭔가를 입력하는 글상자를 볼 수 있습니다. 이런 입력 글상자를 직접 만들어 보도록 하겠습니다. 여기에서는 로그인 아이디나 패스워드를 입력하는 글상자를 만들어 보았습니다.

**sketch.js**
```
let lbl_id, lbl_pw;
let login_id, login_pw;

function setup() {
  createCanvas(400, 200);
  lbl_id = createDiv('아이디');
  lbl_id.position(50, 30);
  lbl_pw = createDiv('비밀번호');
  lbl_pw.position(50, 60);
  login_id = createInput('Your ID');
  login_id.position(120, 30);
  login_pw = createInput('Your PW', 'password');
  login_pw.position(120, 60);
}

function draw() {
  background(220);
  fill(0);
  textSize(16);
  text('당신의 아이디 : '+login_id.value(), 70, 140);
  text('당신의 비밀번호 : '+login_pw.value(), 70, 170);
}
```

createInput() 함수는 다음의 그림처럼 텍스트를 입력받는 텍스트 입력 글상자입니다. 로그인 창의 아이디를 적거나, 패스워드처럼 타이핑된 문자가 아닌 * 와 같은 문자로 대신 나타낼 수 있습니다. 또한 입력되면 바로 그 문자가 변수에 대입되어 나타나는 것도 확인하기 바랍니다. 모든 입력이 완료된 후 변수의 값을 적용하기 위해서는 createButton() 함수처럼 버튼을 만들어 버튼을 클릭해야만 변수값을 적용하는 식으로 만들어야 합니다.

## 08 HTML과 DOM

```
아이디    goodBoy88
비밀번호  ●●●●●●●

       당신의 아이디 : goodBoy88
       당신의 비밀번호 : badBoy@@
```

이번에는 파일을 선택하는 createFileInput() 함수에 대해 살펴봅시다. 인터넷을 이용하다 보면 메일에 파일을 첨부하거나 게시판에 파일을 업로드하는 등의 기능을 본 적이 있을 것입니다.

```javascript
// sketch.js
let file_btn;

function setup() {
  createCanvas(400, 200);
  file_btn = createFileInput(file_open);
  file_btn.position(100, 30);
  background(220);
}

function file_open(file){
  background(220);
  textSize(16);
  text('♣파일종류 : '+file.type, 100, 80);
  text('♣파일타입 : '+file.subtype, 100, 110)
  text('♣파일크기 : '+file.size+'byte', 100, 140);
}
```

createFileInput()는 내 컴퓨터에서 파일을 불러오는 함수입니다. 파일 선택하는 버튼이 생성되면, 버튼을 클릭하면 파일 선택 창이 나타납니다. 파일을 선택하면 해당 파일이 로드됩니다. 코드에서는 파일의 이름과 종류, 타입, 크기 정도를 파악해서 출력 해주고 있습니다. 코드를 조금 더 업그레이드시켜 이미지 파일이면 캔버스에 출력하고, 음악 파일이면 사운드를 재생하며, 텍스트 파일이면 파일 내용을 보여주도록 코드를 작성할 수도 있을 것입니다. 어떤 기능을 추가할지는 여러분의 몫입니다. multiple은 파일을 여러 개를 동시에 선택할 수 있도록 하기 위한 옵션입니다.

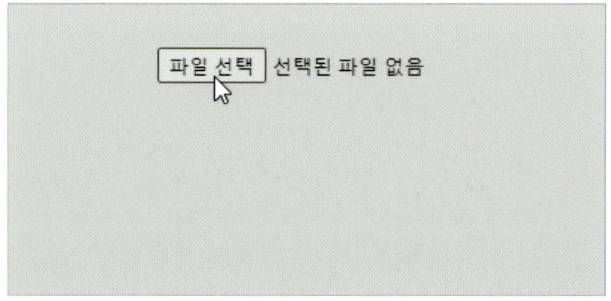

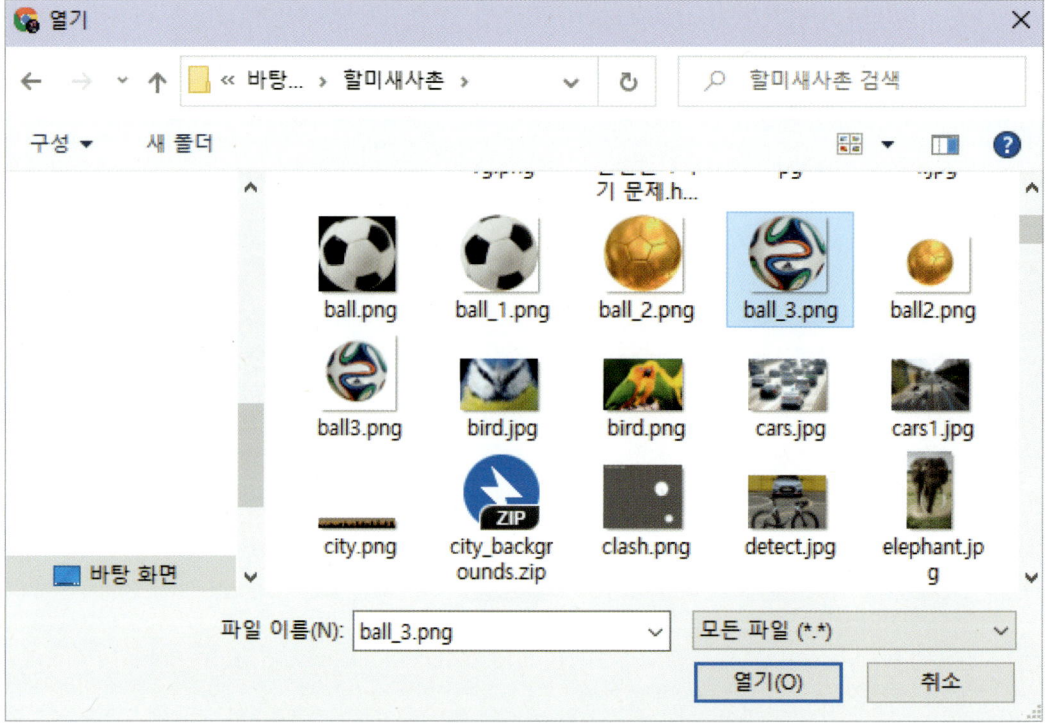

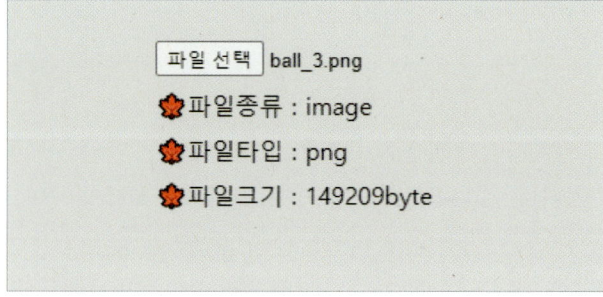

## 8.7 createAudio, createVideo, createCapture

오디오 파일을 불러와서 재생할 수 있도록 하는 함수입니다. 아래 코드에서 단순하게 mp3 파일을 재생하거나 중지시키고 볼륨을 조절할 수 있는 정도만 구현하였습니다. 단순 재생 위주의 기능이라 p5.js에서는 자주 사용하지는 않습니다. 오디오 파일을 사용할 상황이면 loadSound()라는 함수를 추천합니다.

**sketch.js**
```
let music;
let btn_play, btn_stop, sld_vol;

function setup() {
  noCanvas();
  music = createAudio('music.mp3');
  btn_play = createButton('PLAY');
  btn_play.mousePressed(musicPlay);
  btn_stop = createButton('STOP');
  btn_stop.mousePressed(musicStop);
  createDiv('<br>');
  sld_vol = createSlider(0, 1, 0.5, 0.01);
  btn_play.size(150, 20);
  btn_stop.size(150, 20);
  sld_vol.size(300, 20);
}

function musicPlay() {
  music.play();
}

function musicStop(){
  music.stop();
}

function draw(){
  music.volume(sld_vol.value());
}
```

다음은 오디오 파일 대신 비디오 파일을 재생하는 코드입니다. 위의 오디오 파일 재생과 비슷합니다. 정지(stop) 대신 일시정지(pause) 기능을 실행해 보겠습니다.

```js
let movie;
let btn_play, btn_pause, sld_vol;

function setup(){
  noCanvas();
  movie = createVideo('led_flowers.mp4');
  btn_play = createButton('PLAY');
  btn_pause = createButton('PAUSE');
  sld_vol = createSlider(0, 1, 0.5, 0.01);
  btn_play.mousePressed(moviePlay);
  btn_pause.mousePressed(moviePause);
}

function moviePlay(){
  movie.loop();
}

function moviePause(){
  movie.pause();
}

function draw(){
  movie.volume(sld_vol.value());
}
```

영상 파일을 사용할 때에는 p5.js의 저장소가 파일 용량 5mb의 제한이 있다는 것에 주의하여야 합니다. 용량이 큰 영상 파일을 사용할 때에는 자신의 컴퓨터를 웹서버로 만들어서 자신의 컴퓨터에서 실행하면 됩니다.(개인 컴퓨터를 웹서버 만들어 주는 프로그램을 실행하면 용량 제한 없이 테스트해 볼 수 있습니다.) 또 다른 방법으로는 무료로 웹서버를 이용할 수 있는 netlify.com과 같은 사이트를 이용해서 자신이 만든 프로그램 올리는 것도 방법입니다.

08 HTML과 DOM

비디오 카메라를 웹페이지에 띄우기 위한 방법입니다. 우리 주변에서 흔히 보는 웹캠(PC캠)을 사용하면 쉽게 영상작업을 할 수 있습니다. 노트북의 웹캠을 사용해도 방법은 같습니다. 웹캠이 아니라 전문적인 비디오 카메라도 컴퓨터에서 인식만 되어 있다면 영상화면을 단순히 웹페이지에 띄우는 것은 아주 손쉽게 처리할 수 있습니다.(영상화면을 웹페이지에 띄우는 것과 편집이나 가공을 하는 것은 다른 문제입니다.) 영상 가공을 위한 작업은 이 책의 웹캠 영상 처리하기 부분을 보기 바랍니다.

sketch.js
```js
let video;

function setup(){
  createCanvas(640, 520);
  video = createCapture(VIDEO);
  video.hide();
}

function draw(){
  background(0);
  image(video, 0, 0);
  fill(255, 255, 0);
  textSize(24);
  text('여러분 안녕하세요~~ ', 10, height-10);
}
```

■ createCapture(type, [callback])

createCapture() 함수는 웹캠으로 촬영된 영상을 웹페이지에 출력하는 것입니다. type(캡쳐유형)은 VIDEO와 AUDIO 중 하나를 선택합니다. callback 함수는 캡쳐가 완료된 후 실행되는 콜백함수입니다.(생략 가능 합니다.) 비디오 카메라의 신호를 캡쳐해서 웹페이지에 출력한다는 개념으로 생각하면 될 것입니다.

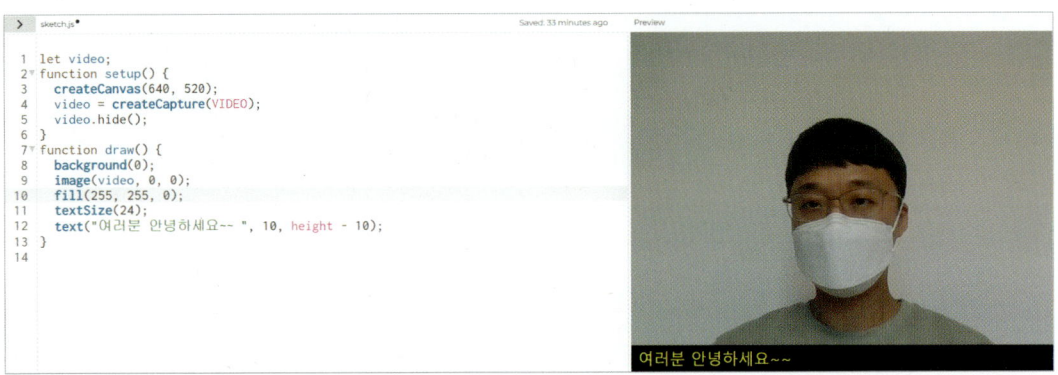

createCapture() 함수를 끝으로 DOM의 요소들 중에서 기본적인 것은 거의 다룬 것 같습니다. p5.js는 웹프로그래밍 언어이기에 HTML과 분리해서 작업하기는 어렵습니다. 따라서 HTML요소를 적절히 사용할 줄도 알아야 하며 이러한 HTML요소를 DOM을 통해 조작할 수 있습니다. 이 책의 후반부에는 웹캠을 활용한 컴퓨터 비전과 관련된 머신러닝을 많이 다루게 됩니다. 머신러닝에서도 createCapture() 함수를 활용하여 웹캠의 영상을 가져온 후, 머신러닝 모델을 통해 사물을 분류하게 됩니다. 따라서 DOM을 자세히는 몰라도 되지만 여기에 언급한 정도의 사용법은 알아두는 것이 좋습니다.

# 09 머신러닝(기계학습)

머신러닝(기계학습)은 인공지능 분야에서 널리 사용되는 기술입니다. 컴퓨터에게 대량의 데이터를 학습시켜서 그 데이터를 토대로 규칙과 패턴을 찾아냅니다. 이러한 규칙을 적용한 머신러닝 모델을 완성시킨 후 자신의 프로젝트에 활용하게 됩니다.

여기에서 다루고자 하는 머신러닝은 ml5.js 라이브러리로 제공되는 것들입니다. 이미 완성된 모델을 사용할 수도 있고, 완성된 모델에서 특성만 추출해서 새로운 모델을 만들 수도 있습니다. 또한 티처블머신과 같은 머신러닝 모델 생성기를 사용해서 모델을 만들어 p5.js에서 활용할 수도 있습니다.

인공신경망을 사용하여 데이터를 학습시키고 자신만의 딥러닝 모델을 완성하여 독자적인 AI모델을 구축할 수도 있습니다.

ml5.js 라이브러리에서는 다음과 같은 라이브러리를 제공합니다.

| 이미지 | ImageClassifier, PoseNet, BodyPix, UNET, Handpose, Facemesh, FaceApi, StyleTransfer, pix2pix, CVAE, DCGAN, SketchRNN, ObjectDetector |
|---|---|
| 소리 | SoundClassification, PitchDetection |
| 텍스트 | CharRNN, Sentiment, Word2Vec |

이번 장에서는 이미지와 관련된 ImageClassifier, PoseNet, handpose, Facemesh, Object Detector 모델을 다뤄보고자 합니다.

## 9.1 동물, 사물 분류하기: ImageClassifier(MobileNet)

ImageClassfier는 이미지 분류를 하는 머신러닝 모델입니다. MobileNet은 1,000개 정도의 동물과 사물을 분류하는 능력을 갖추고 있으며 ImageNet이라고 하는 이미지 관련 데이터베이스에서 1,500만 개의 이미지로 학습을 시킨 것 입니다. 이렇게 이미 학습된 모델을 이용하여 이미지를 분류하는 프로젝트를 제작할 수도 있겠지만, 여기에서는 내가 코딩한 결과가 사물을 잘 구별하고 또 어느 정도의 정확도로 구분해 내는지 테스트해 보는 정도로 하겠습니다. 물론 학습된 1,000개의 범주에 포함되지 못하는 사물이 더 많을 것이며 이런 경우 비슷한 사물 이름으로 분류할 뿐이므로 정확한 결과를 기대할 수는 없습니다. 기본적인 이미지 분류를 위한 코드를 완성하고 이에 대한 코드가 완벽하다면 자신이 직접 이미지 분류를 위한 머신러닝 모델을 학습시키고 완성시켜 사용하는 것이 바람직합니다. ml5.js에서는 자신의 학습데이터로 직접 모델을 만들 수도 있고, 전이 학습이라고 해서 이미 만들어진 모델의 규칙 특성만 가져와서 자신만의 모델을 재구성할 수도 있습니다. 또한 구글에서 제공하는 티처블머신을 이용하여 이미지 분류 학습모델을 만들어 사용하는 것도 가능합니다.

우선 여기에서는 MobileNet을 이용하여 이미지를 분류하는 기본 방법에 대하여 알아봅시다.

이미 학습이 완료된 모델을 사용하는 것이므로 우린 이 이미지 분류 모델에 우리가 분류하고자 하는 이미지만 넣어주면 결과가 나올 것이고, 우리는 그 결과를 받아서 처리해 보는 과정을 살펴봅시다. 가장 먼저 할 일은 ml5.js라는 라이브러리를 내 프로젝트에 사용할 수 있도록 ml5.js를 연결(링크)해 줘야 합니다.

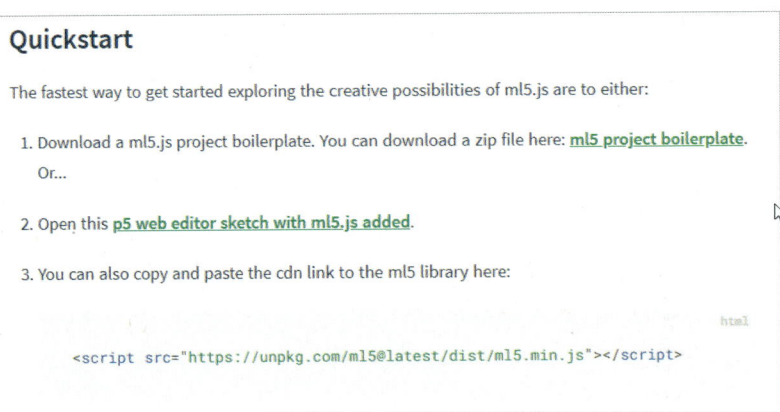

index.html 파일을 열어 다음과 같이 ml5 script를 추가해 봅시다.

### index.html

```html
<!DOCTYPE html>
<html lang="en">
  <head>
    <script src="https://cdnjs.cloudflare.com/ajax/libs/p5.js/1.5.0/p5.min.js"></script>
    <script src="https://cdnjs.cloudflare.com/ajax/libs/p5.js/1.5.0/addons/p5.dom.min.js"></script>
    <script src="https://unpkg.com/ml5@latest/dist/ml5.min.js"></script>
    <meta charset="utf-8" />

  </head>
  <body bgcolor='#CCAA00'>
    <script src="sketch.js"></script>
  </body>
</html>
```

https://ml5js.org 사이트의 Getting started를 보면 아래와 같은 부분이 있습니다. ml5.js를 사용하기 위해서는 다음과 같은 코드를 index.html에 위 코드처럼 삽입해 주어야 합니다. 코드가 실행되면 필요한 MobileNet 관련된 클래스와 함수들을 링크된 URL에서 가져오게 됩니다.

```
<script src="https://unpkg.com/ml5@latest/dist/ml5.min.js"></script>
```

위 처럼 ml5.js 라이브러리를 사용할 준비가 되었으면 실제 코딩 작업에 들어가면 됩니다.

우선 동물 2종의 이미지와 일반 사물로서 머그컵 이미지를 하나 사용하도록 하겠습니다. 동물 2종을 구분하고, 머그컵을 구분하는지 테스트 해 볼 생각입니다. (당신이 구분하고자 하는 이미지가 일반적인 것이 아니라면 정확한 결과를 얻지 못할 수도 있습니다. 1,000개 정도의 분류를 위해 1,500만 개의 이미지가 학습되었다는 것이지 모든 이미지를 분류할 수 있다는 뜻은 아닙니다.)

다음의 사진처럼 분류하고자 하는 사진들을 p5.js 클라우드 저장소에 저장합니다.

[출처: https: pixabay.com]

### sketch.js

```javascript
let img, classifier;

function setup() {
  createCanvas(400, 400);
  img = loadImage('image1.jpg');
  classifier = ml5.imageClassifier('MobileNet', modelReady);
}

function modelReady(){
  console.log('MobileNet 모델 불러오기 완료');
  classifier.classify(img, gotResult);
}
```

```
function gotResult(err, results){
  if(err){
    console.error(err);
    return;
  }
  console.log(results);
}
```

■ **ml5.imageClassifier**(model, callback)

■ **classify**(input, callback)

　imageClassifier()에 사용할 수 있는 model은 현재 'MobileNet', 'DoodleNet', 'Darknet' 그리고 티처블머신에서 직접 만든 커스텀 모델을 사용할 수 있습니다.

　위 코드를 살펴보면 image1.jpg를 이미지 분류에 사용하고 있습니다.

　ml5.imageClassifier('MobilNet', modelReady)은 우리가 이미지 분류에 적용하고자 하는 모델을 내 컴퓨터의 메모리에 업로드하는 것입니다. modelReady는 MobileNet이 내 컴퓨터에 정상적으로 로드가 되면 호출(실행)하는 콜백함수 입니다. 머신러닝모델이 정상적으로 로딩이 되었다면 modelReady() 함수의 console.log('MobileNet 모델 불러오기 완료')에 의해 콘솔 창에 'MobileNet모델 불러오기 완료'라는 메시지가 출력될 것입니다. 이 메시지가 나타나지 않는다면 현재 MobileNet을 불러오지 못하고 있는 것입니다. (문제가 발생한 경우 index.html의 ml5.js 코드 추가 부분을 확인합니다.) calssifier.classify(img, gotResult)가 이미지를 분류하기 위하여 이미지 분류기에 이미지 데이터를 넣어주는 역할을 합니다. 위의 코드에서는 image1.jpg파일입니다. 그리고 분류가 끝나면 그 결괏값을 돌려주며 gotResult()함수를 콜백하게 됩니다. 분류된 결괏값은 err 또는 results에 담겨있습니다. 이 중에서 err은 분류 시 에러가 발생한 경우입니다. 다음은 존재하지 않는 이미지를 분류기에 넣어서 나온 에러 메시지를 출력한 것입니다.

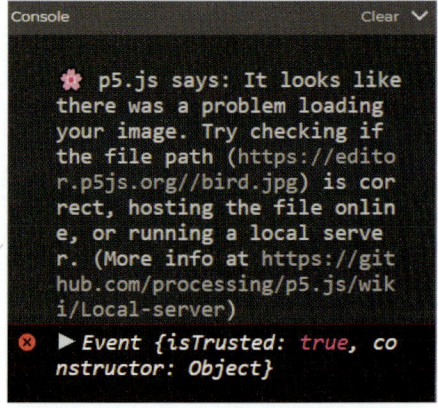

에러 메시지가 출력될 수 있는 것은 다음과 같은 코드가 있기 때문입니다. 에러가 발생하면 return 명령이 실행되어 에러코드 아래의 명령은 실행되지 않습니다.

```
if(err){
    console.error(err);
    return;
}
```

console.log(results) 함수 부분이 중요합니다. 우리가 원하는 데이터가 results에 담겨 있기 때문입니다. console.log() 함수를 통해 results에 담긴 정보를 콘솔에 출력해 보았습니다. 다음 캡처 이미지는 분류한 결괏값을 보여 줍니다. 크게 3개의 배열로 데이터가 들어와 있으며, 각각 2개의 데이터가 더 있습니다. 0번째 데이터는 label: "king penguin" 로 보아 분류한 이미지가 황제 펭귄임을 나타내고 있으며, confidence: 0.5654…는 정확도(또는 신뢰도)는 56.4% 정도 됩니다. 1번째 데이터는 "prairie chicken"(큰초원뇌조)일 확률이 있으며, 정확도는 1% 정도입니다. 따라서 0번째에 나타나는 분류가 가장 신뢰도가 높은 분류가 되는 것입니다. 그러므로 이후부터는 어떤 사물을 분류할 때 0번째 데이터만 확인하면 될 것입니다.

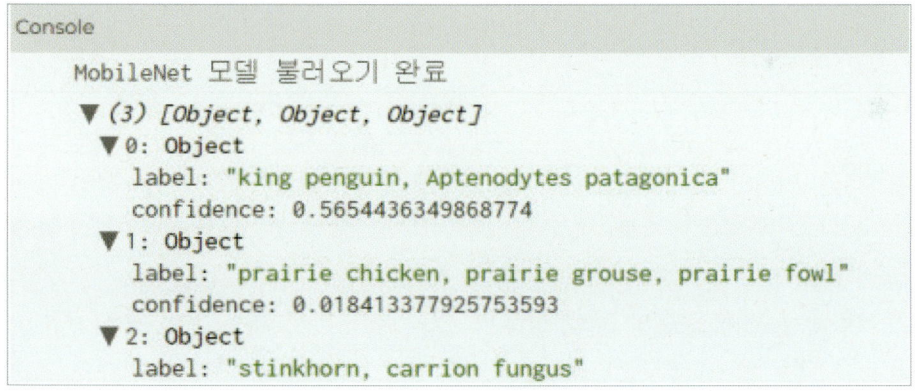

분류한 데이터를 콘솔을 통해 확인하기에는 너무 번거롭습니다. 분석된 데이터를 캔버스 하단에 출력하도록 코드로 수정해 봅시다.

```
sketch.js
let img, classifier;
function preload(){
  img = loadImage('image2.jpg');
  classifier = ml5.imageClassifier('MobileNet', modelReady);
}
function setup() {
  createCanvas(img.width, img.height+30);
  background(0);
  image(img, 0, 0);
}
function modelReady(){
  console.log('MobileNet 모델 불러오기 완료');
  classifier.classify(img, gotResult);
}
function gotResult(err, results){
  fill(255, 255, 0);
  textSize(24);
  text(results[0].label, 2, height-5);
}
```

이미지 로드와 이미지 분류 모델을 preload() 함수에 넣어서 처리하였습니다. createCanvas()를 불러온 이미지의 크기에 맞춰서 가로, 세로를 정했으며, 세로는 하단에 분류된 결괏값의 label을 출력하기 위하여 30px 정도 더 여유를 두었습니다.

캔버스 하단에 result[0].label을 출력합니다. 다음은 위의 코드처럼 image2.jpg를 분류한 결과입니다.

이번에는 image3.jpg를 이용하여 분류된 레이블과 신뢰도까지 출력해 봅시다.

**sketch.js**
```js
let img, classifier;

function preload(){
  img = loadImage('image2.jpg');
  classifier = ml5.imageClassifier('MobileNet', modelReady);
}

function setup() {
  createCanvas(img.width, img.height+30);
  background(0);
  image(img, 0, 0);
}
function modelReady(){
  console.log('MobileNet 모델 불러오기 완료');
  classifier.classify(img, gotResult);
}
function gotResult(err, results){
  fill(255, 255, 0);
  textSize(24);
  text(results[0].label, 2, height-24);
  text(round(results[0].confidence, 3)*100+' %', 2, height);
}
```

confidence가 0.618517279624939와 같이 너무 길어서 6.19%와 같이 표현하기 위해 round(results[0].confidence, 3)*100+' %'로 하였습니다.

## 9.2 드래그&드롭으로 분류하기 : ImageClassifier(MobileNet)

9.1장에서는 업로드된 이미지 파일을 이용하여 동물과 사물을 분류해 보았습니다. 이런 방식은 이미 수집된 다량의 이미지를 분류할 때에는 도움이 되겠지만, 수시로 분류해야 하는 작업에는 적합하지 않습니다. 이미지 drag&drop 기능을 활용하여 이미지를 분류하는 코드를 작성해 봅시다. (저장소에 업로드하기 위한 것이 아니라 내 컴퓨터에서 끌어다 캔버스에 드롭하면 머신러닝이 분류 결과를 출력할 것입니다.)

sketch.js
```
let classifier;
let dropBox;
let img = 0;
function preload() {
  classifier = ml5.imageClassifier("MobileNet");
}
function setup() {
  dropBox = createCanvas(400, 400);
  background(100);
  dropBox.drop(afterDrop);
}
function afterDrop(file) {
  img = loadImage(file.data, imageReady);
}
function imageReady() {
  //resizeCanvas(img.width, img.height+60);
  background(100);
  image(img, 0, 0, width, height);
  classifier.classify(img, gotResult);
}
function gotResult(error, results) {
  if (error) {
    console.error(error);
```

[출처: https://pixabay.com/ko/]

```
  }
  console.log(results);
  fill(255);
  textSize(20);
  text("분석 : " + results[0].label, 0, height - 30);
  text(
    "정확도 : " + nf(results[0].confidence * 100, 0, 1) + "%",
    0,
    height - 10
  );
}
```

픽사베이의 임팔라 이미지를 분석한 결과, 가젯이라는 분석 결과와 51%의 신뢰도를 확인할 수 있습니다.

## 9.3 웹캠 영상으로 사물분류하기: ImageClassifier(MobileNet)

웹캠 영상이나 이미지 파일이나 기본적인 이미지 처리 방식은 동일합니다. 이미지가 1초에 30~60 fps 정도 분석할 자료가 발생하느냐, 아니면 1장의 이미지만 처리하면 되느냐의 차이일 뿐입니다.

```javascript
sketch.js
let classifier;
let video;
function setup() {
  noCanvas();
  video = createCapture(VIDEO);
  video.size(320, 240);
  classifier = ml5.imageClassifier('MobileNet', video, modelReady);
  labelP = createP('비디오 영상 분석을 위한 머신러닝모델 로딩 중........!');
}

function modelReady(){
  console.log('머신러닝 모델(MobileNet)이 준비되었습니다.!');
  classifyVideo();
}

function classifyVideo(){
  classifier.classify(gotResult);
}

function gotResult(error, results) {
  if (error) {
    console.error(error);
    return;
  }
  if(results[0].confidence > 0.2){
    labelP.html('비디오영상 분석 결과 : '+results[0].label + '<br>' + '정확도 : '+nf(results[0].confidence, 0, 2));
  }
  classifyVideo();
}
```

비디오영상 분석 결과 : water jug
정확도 : 0.24

■ createP([html])

createP는 HTML 태그의 <p>라는 DOM 요소를 만들어 내는 함수입니다. <p>는 문단을 의미하는 태그로 주로 한 문단을 표시할 때 사용합니다.

웹캠 등을 활용한 비디오 영상을 이용하여 이미지 분류를 해 보았습니다. 실시간으로 이미지를 분석하기 때문에 이미지가 조금만 이동해도 데이터가 너무 자주 바뀌어서 오히려 혼란스럽습니다. 이런 이유로 정확도가 20.0%가 넘는 경우에만 데이터를 출력하도록 했습니다.

세부적인 코드는 이미 설명한 것과 큰 차이가 없어 설명을 생략하겠습니다.

## 9.4 신체 부위별 포인트 찾기 : PoseNet

PoseNet 모델은 입력데이터(이미지나 비디오)에서 한 명의 포즈 또는 여러 명의 포즈를 감지할 수 있는 머신러닝모델입니다. PoseNet은 신체의 17군데 포인트를 찾아내는데 아래 사진은 찾아낸 포인트 중 얼굴 부위(코의 포인트)에 타원을 그리고 얼굴 이모티콘을 붙여 보았습니다.

[출처 : pixabay.com]

엔트리 인공지능의 비디오 감지에서도 PoseNet과 비슷한 기능을 제공합니다. 엔트리 블록코딩을 이용하여 학생들에게 쉽게 접근할 수 있습니다.

 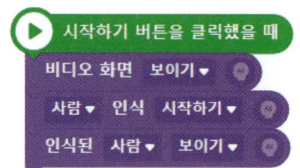 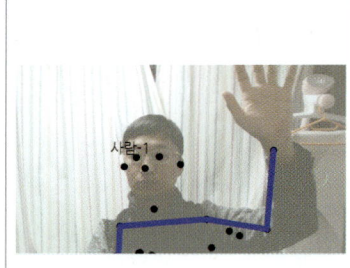

**sketch.js**

```
let img1, img2, size=0, poseNet, poses=[];
let keypointX=[], keypointY=[], skeletons=[];
function preload(){
  img1 = loadImage('data/soccer3.jpg');
  img2 = loadImage('data/face.png');
}
function setup() {
  createCanvas(640, 360);
  resizeCanvas(img1.width, img1.height);
  image(img1,0,0);
  poseNet = ml5.poseNet(modelReady);
  poseNet.on('pose', gotResult);
}
function modelReady(){
  poseNet.singlePose(img1);
  console.log('model OK');
}
function gotResult(results){
  poses = results[0].pose.keypoints;
  skeletons = results[0].skeleton;
  fill('#FFFF00');
  stroke('#FF0000');
  strokeWeight(3);
  for(let i = 0; i < poses.length; i++){
    keypointX[i]=round(poses[i].position.x);
    keypointY[i]=round(poses[i].position.y);
    ellipse(keypointX[i], keypointY[i],10);
  }
```

```
    stroke('#FFFF00');
    strokeWeight(2);
    for(let i=0; i< skeletons.length; i++){
      line(round(skeletons[i][0].position.x), round(skeletons[i][0].position.y),
        round(skeletons[i][1].position.x), round(skeletons[i][1].position.y));
    }
    size = dist(keypointX[0],keypointY[0],keypointX[3],keypointY[3]);
    imageMode(CENTER);
    fill(255, 255, 0, 200);
    ellipse(keypointX[0], keypointY[0]-20, 80, 100);
    image(img2,keypointX[0]-3,keypointY[0]-13,size*1.8,size*1.8);
    console.log(poses);
  }
```

다음은 웹캠을 활용하여 실시간으로 촬영된 영상에서 신체의 포인트를 찾아보는 코드입니다.

sketch.js
```
let img1,
  video,
  poseNet,
  poses = [],
  skeletons = [],
  keypointX = [],
  keypointY = [];
function preload() {
  img2 = loadImage("data/face.png");
}
function setup() {
  createCanvas(640, 480);
  video = createCapture(VIDEO);
  video.hide();
  poseNet = ml5.poseNet(video, modelReady);
  poseNet.on("pose", gotResult);
}
function modelReady() {
  console.log("model OK");
}
```

```
function gotResult(results) {
  poses = results[0].pose.keypoints;
  skeletons = results[0].skeleton;
}
function draw() {
  imageMode(CORNER);
  image(video, 0, 0);
  fill("#FFFF00");
  stroke("#FF0000");
  strokeWeight(3);
  for (let i = 0; i < poses.length; i++) {
    keypointX[i] = round(poses[i].position.x);
    keypointY[i] = round(poses[i].position.y);
    ellipse(keypointX[i], keypointY[i], 10);
  }
  stroke("#FFFF00");
  strokeWeight(3);
  for (let i = 0; i < skeletons.length; i++) {
    line(
      round(skeletons[i][0].position.x),
      round(skeletons[i][0].position.y),
      round(skeletons[i][1].position.x),
      round(skeletons[i][1].position.y)
    );
  }
  size = round(dist(keypointX[0], keypointY[0], keypointX[3], keypointY[3]));
  imageMode(CENTER);
  image(img2, keypointX[0], keypointY[0] - 10, size * 2.2, size * 2.2);
}
```

## 9.5 손의 부위별 포인트 찾기 : Handpose

PoseNet은 신체의 17개 포인트를 찾는 머신러닝 모델이라면, Handpose는 손의 부위별 포인트를 찾는 머신러닝 모델입니다. 찾을 수 있는 포인트는 손가락의 각 마디와 손목 부위로 총 21개 포인트입니다. 웹캠과 같은 카메라를 통하여 촬영되는 영상에서 실시간 포인트를 찾을 수도 있지만 우선 손의 이미지를 통해서 포인트를 찾는 것부터 시작하는 프로그램으로 만들어 봅시다. (Handpose는 좌측 또는 우측, 하나의 손에서만 포인트를 찾을 수 있습니다. 2개의 손이 같이 나오는 장면에서는 둘 중 하나만 인식합니다.)

손의 포인트를 찾기 위해 가장 일반적인 손의 모습 이미지를 선택해서 p5.js에 업로드하여 사용하겠습니다.

handPose 21개 포인트 위치는 다음과 같습니다.

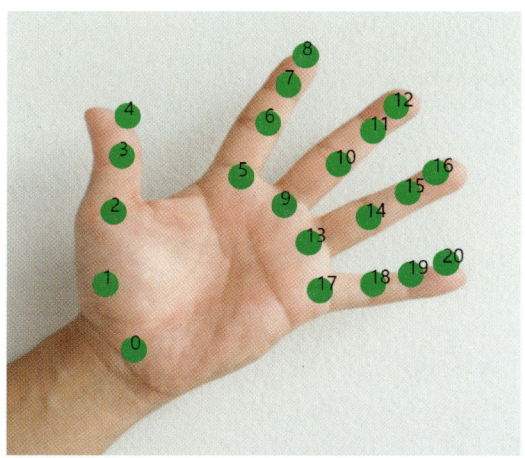

[출처 : pixabay.com]

손이 나온 사진을 분석해 봅시다.

손을 찍은 다양한 사진을 분석한 결과 handPose 모델은 손바닥을 찍은 사진에서 손의 위치 포인트를 잘 찾는다는 것을 알 수 있습니다.

**sketch.js**

```javascript
let img, handpose, fingers=[], keypointX = [], keypointY = [];
function preload(){
  img = loadImage('data/hand.jpg');
}
function setup() {
  createCanvas(img.width, img.height);
  handpose = ml5.handpose(modelReady);
  handpose.on('predict', gotResult);
}
function modelReady(){
  handpose.predict(img);
}
function gotResult(results){
  fingers = results[0].landmarks;
  console.log(results);
}
function draw(){
  image(img, 0, 0);
  fill('#FFFF00');
  stroke('#FF0000');
  strokeWeight(3);
  for(let i = 0; i < fingers.length; i++){
    keypointX[i]=round(fingers[i][0]);
    keypointY[i]=round(fingers[i][1]);
    ellipse(keypointX[i], keypointY[i],10);
  }
  stroke('#FFFF00');
  strokeWeight(3);
  line(keypointX[0],keypointY[0],keypointX[1],keypointY[1]);
  line(keypointX[2],keypointY[2],keypointX[5],keypointY[5]);
  line(keypointX[5],keypointY[5],keypointX[9],keypointY[9]);
  line(keypointX[9],keypointY[9],keypointX[13],keypointY[13]);
  line(keypointX[13],keypointY[13],keypointX[17],keypointY[17]);
  line(keypointX[17],keypointY[17],keypointX[0],keypointY[0]);
  for(let i=0; i<5; i++){
    for(let j=0;j<3;j++){
      line(round(keypointX[j+1+i*4]), round(keypointY[j+1+i*4]),
        round(keypointX[j+2+i*4]), round(keypointY[j+2+i*4]));
    }
  }
}
```

## ◼ handpose.predict(input, callback)

ImageNet에서는 classify() 함수를 사용하였지만, handpose에서는 predict() 함수를 사용하였습니다. 함수명만 다를 뿐 기능은 동일합니다. classify() 함수는 주로 classification(분류)에서 사용하는 이름이며, predict()는 주로 regression(회귀)에서 사용하는 이름일 뿐입니다. 다른 함수들은 앞서 다룬 내용과 크게 다를 바 없기에 설명을 생략하겠습니다.

Handpose가 분석한 손의 포인트에 원을 그리고 각 원을 연결하는 선을 그려 넣었습니다. Handpose에서 분석한 데이터는 아래와 같습니다. 1개의 객체가 있고, 그 객체에 4가지의 정보가 담겨있습니다. handInViewConfidence, boundingBox, landmarks, annotations입니다. 이 중에서 landmarks는 21개의 포인트를, annotations는 각 손가락의 데이터를 저장하고 있습니다.

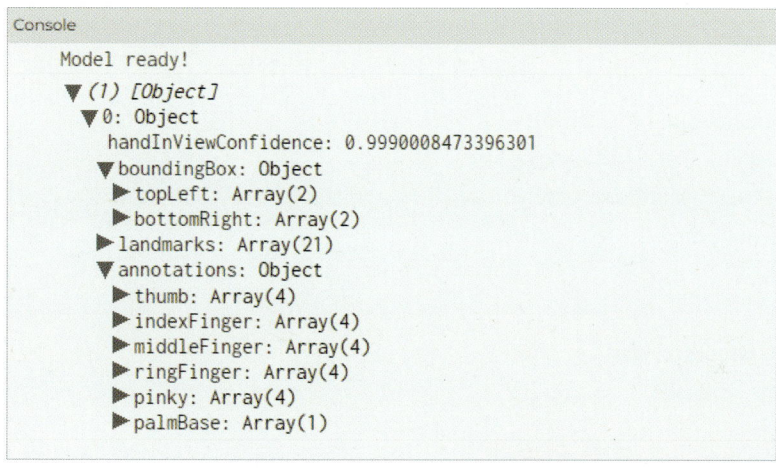

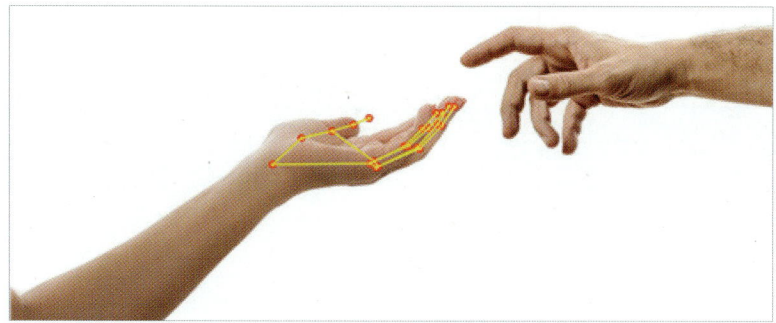

[출처 : pixabay.com]

위 이미지는 조금 복잡한 손모양입니다. 검지손가락의 위치가 다소 부정확하지만 그 외에는 포인트를 잘 찾습니다. 머신러닝 기술이 발전하고 있지만 아직은 부족함은 있게 마련입니다. 위와 같은 결함은 머신러닝 모델 자체가 잘 구성되어야 하는 것도 필요하지만, 얼마나 많은 데이터로 학습했는지도 중요합니다. 더 많은 데이터를 학습하면 더 정확한 결과를 가져 오는 것이 일반적인 머신러닝의 결과입니다.

양손 사진을 사용하여도 한쪽의 손만 잘 찾습니다. 어느 쪽의 손을 선택하는지는 잘 모르겠으나 머신러닝 모델이 분석하기 쉬운 손을 먼저 선택하는 듯 합니다. 비디오 카메라의 영상일 때에는 카메라 쪽에 가까운 것(더 크게 보이는)을 잡는 것 같습니다.

이미지에서 손을 성공적으로 찾았다면 웹캠과 같은 비디오 카메라를 이용하는 것도 크게 다르진 않습니다. 다음 코드는 웹캠을 사용하여 손의 포인트를 찾는 프로그램입니다.

```js
// sketch.js
let handpose;
let video;
let predictions = [];

function setup() {
  createCanvas(640, 480);
  video = createCapture(VIDEO);
  video.hide();
  handpose = ml5.handpose(video);
  handpose.on("predict", gotResult);
}

function gotResult(results){
  predictions = results;
}

function draw() {
  image(video, 0, 0, width, height);
  drawKeypoints();
}

function drawKeypoints() {
  for (let i = 0; i < predictions.length; i += 1) {
    const prediction = predictions[i];
    for (let j = 0; j < prediction.landmarks.length; j += 1) {
      const keypoint = prediction.landmarks[j];
      fill(0, 255, 0);
      noStroke();
      ellipse(keypoint[0], keypoint[1], 10, 10);
    }
  }
}
```

손의 랜드마크(포인트)를 찾는데 성공 했다면 그 이후 활용하는 것은 프로그램을 만드는 당신의 몫입니다. 화면 속의 바둑돌을 손가락으로 집어 옮겨 바둑을 둘 수도 있을 것이고, 화면 속 가상의 축구공을 손가락으로 튕겨 보낼 수도 있을 것입니다. 다음 예시를 살펴보면, 엄지손가락을 좌표를 이용하여 물체를 잡는 프로그램을 만들 수 있습니다.

아래 코드는 handpose 라이브러리를 활용하여 만든 간단한 게임입니다.

```js
// sketch.js
let handpose;
let video;
let predictions = [];
let bool = false;
let hand = [];
let handPoint = [];
let sea;
let garbageImg;
let garX = 0;
let garY = 0;
let score = 0;
let buttonStart;
function preload() {
  sea = loadImage("sea.jpg");
  garbageImg = loadImage("garbage.png");
}
function setup() {
  createCanvas(600, 480);
  background(0);
  video = createCapture(VIDEO);
  buttonStart = createButton("시작");
  video.size(width, height);
  video.hide();
  handpose = ml5.handpose(video, modelReady);
}
```

```
function draw() {
  if (!bool) return;
  image(sea, 0, 0, width, height);
  garbage();
  text(score, 100, height - 50);
  if (predictions.length > 0) drawHand();
  if (score > 90) gameEnd();
}
function modelReady() {
  console.log("Model ready!");
  textSize(30);
  fill(255);
  text("시작 버튼을 클릭하세요.", width / 5, height / 2);
  text("바다 속으로 떨어지는.", width / 5, height / 2 + 50);
  text("쓰레기를 손으로 잡으세요.", width / 5, height / 2 + 100);
  buttonStart.position(width / 2, height - 50);
  buttonStart.mousePressed(() => {
    bool = true;
    handpose.on("predict", gotResults);
    buttonStart.hide();
  });
}
function gotResults(results) {
  if (results.length > 0) {
    predictions = results;
  } else {
    predictions = [];
  }
}
function garbage() {
  image(garbageImg, garX, garY, 100, 100);
  garY += 5;
  if (garY > height) {
    garY = 0;
    garX = random(70, width - 70);
  }
}
```

```
    if (
      width - handPoint[0] - 50 < garX &&
      garX < width - handPoint[0] + 50 &&
      handPoint[1] - 50 < garY &&
      garY < handPoint[1] + 50
    ) {
      garY = -random(200);
      garX = random(70, width - 70);
      score += 10;
    }
  }
  function drawHand() {
    for (let i = 0; i < predictions.length; i++) {
      hand = predictions[i];
      for (let j = 0; j < hand.landmarks.length; j++) {
        let pos = hand.landmarks[j];
        fill(0);
        noStroke();
        ellipse(width - pos[0], pos[1], 10, 10);
      }
    }
    handPoint = predictions[0].landmarks[4];
  }
  function gameEnd() {
    textSize(30);
    fill(255);
    background(0);
    text("도전, 성공", width / 5, height / 2);
    text("바다 속 환경이 깨끗해 졌습니다.", width / 5, height / 2 + 50);
  }
```

### ▣ 이미지가 닿았음을 판단하기

p5.js에서 이미지의 형태는 직사각형의 형태와 같다고 보면 됩니다. 아래 그림에서 원이 직사각형 모양에 닿았다는 것을 어떻게 설명해야 할까요? 원이 직사각형의 내부에 들어가면 우리는 닿았다고 판단할 수 있습니다. 도형이 서로 닿았음을 알고리즘으로 표현하면 다음과 같습니다.

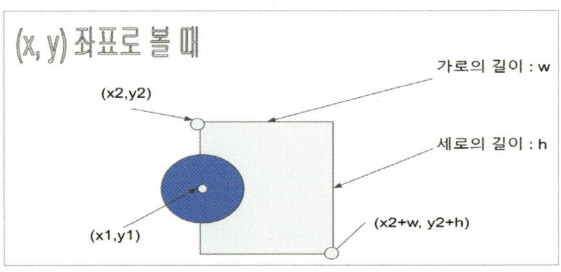

x1 > x2 && x1 < x2+w && y1 > y2 && y1 < y2+h

```
if (width - handPoint[0] - 50 < garX &&
  garX < width - handPoint[0] + 50 &&
  handPoint[1] - 50 < garY &&
  garY < handPoint[1] + 50
) {
  garY = -random(200);
  garX = random(70, width - 70);
  score += 10;
}
```

프로그램에서는 물체가 손가락에 닿으면, 물체의 위치를 이동시키고, 점수를 10점 추가하는 코드를 사용하였습니다. 또한 콜백함수에서 results.length > 0 조건을 사용하여 손이 웹캠의 감지 범위를 벗어나 생기는 오류가 발생하지 않도록 처리하였습니다.

```
function gotResults(results) {
  if (results.length > 0) {
    predictions = results;
  } else {
    predictions = [];
  }
}
```

## 9.6 얼굴 표정의 포인트 찾기 : Facemesh

컴퓨터 비전이 발전하면서 이제는 사람을 인식하는 다양한 방법이 동원되고 있으며, 머신러닝 모델도 그만큼 많아지고 있습니다. 그러나 아직까지는 사람의 표정 변화까지 인식하는 모델은 많지 않은 편입니다. Facemesh는 얼굴의 여러 지점(랜드마크)을 인식하는데 총 486개 위치를 찾을 수 있는 머신러닝 모델입니다. 이를 이용하면 사람의 표정 변화를 통해 감정변화까지 읽어낼 수 있을 것으로 예상됩니다.

여기에서는 아래의 이미지를 활용하여 얼굴의 포인트를 찾아보도록 합니다.

sketch.js
```js
let img;
let facemesh;
let predictions;

function preload(){
  img = loadImage('face.jpg', imageReady);
}

function setup() {
  createCanvas(img.width, img.height);
  image(img, 0, 0);
}

function imageReady(){
  facemesh = ml5.facemesh(modelReady);
  facemesh.on('predict', gotResult);
}
function gotResult(results){
  console.log(results);
  predictions = results[0].scaledMesh;
  for(let i=0; i<predictions.length; i++){
    fill(0,255,0);
    circle(predictions[i][0], predictions[i][1], 3);
  }
}

function modelReady(){
  console.log('Facemesh 모델 준비 완료');
  facemesh.predict(img);
}
```

얼굴의 각 포인트(랜드마크)는 아래와 같은데, 각 교차점에 번호가 붙어 있습니다. 아래 사진을 참고하여 얼굴의 포인트(랜드마크)를 찾아 봅시다.

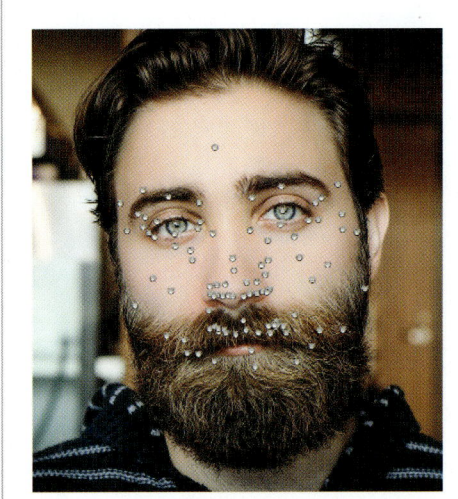

[출처 : pixabay.com]

```
function gotResult(results){
  console.log(results);
  predictions = results[0].scaledMesh;
  for(let i=0; i<predictions.length; i++){
    if(i % 5 == 0){
      fill(255);
      circle(predictions[i][0], predictions[i][1], 10);
      push();
      textAlign(CENTER);
      stroke(0);
      textSize(8);
      text(i,predictions[i][0], predictions[i][1]);
      pop();
    }
  }
}
```

faceMesh의 분석 결과 중 mesh 속성의 랜드마크는 486개의 데이터가 저장되어 있습니다. 모든 데이터를 사진에 표시하면 매우 복잡하기 때문에 5의 배수가 되는 위치의 값으로 표시하여 얼굴의 위치 좌표를 확인해 볼 수 있습니다.

위에서 faceMesh 모델에 의해 분석된 이미지의 results 데이터를 분석한 결과는 다음과 같습니다.

```
Console
Facemesh 모델 준비 완료
▼(1) [Object]
  ▼0: Object
      faceInViewConfidence: 0.9999998807907104
    ▶boundingBox: Object
    ▶mesh: Array(468)
    ▼scaledMesh: Array(468)
      ▼0: Array(3)
          0: 627.2957153320312
          1: 521.4103393554688
          2: -8.361212730407715
      ▶1: Array(3)
      ▶2: Array(3)
      ▶3: Array(3)
      ▶4: Array(3)
      ▶5: Array(3)
      ▶6: Array(3)
      ▶7: Array(3)
      ▶8: Array(3)
```

faceInViewConfidence는 얼굴이 존재할 확률 나타내는 변수 입니다. boundingBox는 얼굴을 둘러싸는 경계를 나타내는 오브젝트입니다. mesh는 얼굴 랜드마크의 3D 좌표를 담고 있는 배열변수입니다. scaledMesh는 정규화된 각 얼굴 랜드마크의 3D 좌표를 담고 있는 배열변수입니다. annotations는 얼굴의 각각의 부위별 좌표를 담고 있는 오브젝트입니다.

```js
// sketch.js
let img;
let facemesh;
let predictions=[];

function preload(){
  img = loadImage('peoples.jpg', imageReady);
}

function setup() {
  createCanvas(img.width, img.height);
  image(img,0,0);
}

function imageReady(){
  facemesh = ml5.facemesh(modelReady);
  facemesh.on('predict', gotResult);
}

function gotResult(results){
  console.log(results);
  for(let n=0; n<results.length; n++){
    predictions[n] = results[n].scaledMesh;
    for(let i=0; i<predictions[n].length; i++){
      fill(0,255,0);
      circle(predictions[n][i][0], predictions[n][i][1], 3);
    }
  }
}

function modelReady(){
  console.log('Facemesh 모델 준비 완료');
  facemesh.predict(img);
}
```

사람의 경우 3명까지 잘 인식합니다. 무료 이미지 사이트에서 자료를 활용하여 연습해 봅시다.
https://pixabay.com/

다음 코드는 웹캠을 이용한 영상 분석입니다.

```
sketch.js
let img;
let facemesh;
let predictions;

function preload(){
  video = createCapture(VIDEO);
}

function setup() {
  createCanvas(640, 480);
  video.hide();
  facemesh = ml5.facemesh(modelReady);
  facemesh.on("predict", gotResult);
}

function modelReady() {
  console.log("Facemesh 모델 준비 완료");
  facemesh.predict(video);
}

function gotResult(results) {
  predictions = results[0].scaledMesh;
  image(video, 0, 0);
  for (let i = 0; i < predictions.length; i++) {
    fill(0, 255, 0);
    circle(predictions[i][0], predictions[i][1], 3);
  }
  facemesh.predict(video);
}
```

카메라 영상에서도 얼굴의 포인트를 잘 잡아냅니다. 위의 코드를 활용하여 작품을 직접 만들어 보면 faceMesh 모델을 이해하는데 도움이 될 것입니다.

## 9.7 사물 탐지기 만들기 : Object Detector

코끼리 사진을 가지고 객체를 탐지하는 머신러닝 모델인 YOLO, COCOSSD를 사용해 보고자 합니다. 앞 장의 이미지 분류에서 유사한 모델(MobileNet)을 사용해 보았습니다. MobileNet은 사물 분류를 위한 방대한 데이터를 기반으로 사물의 종류를 판별해 내는게 주목적이라면 YOLO와 COCOSSD는 사진에서 인식 가능한 사물을 찾아낸다는 점에서 약간의 차이를 보이고 있습니다. 이미지 분류라면 MobileNet의 성능이 좋겠지만, 한 사진에서 다양한 사물을 찾아내는 능력은 YOLO나 COCOSSD가 뛰어납니다. 둘 다 같은 코드에 유사한 모델이지만, COCOSSD가 더 성능이 나은 것 같기에 여기에서는 COCOSSD로 설명하겠습니다. 우선 사용하고자 하는 모델은 'cocossd'로 프로그램을 코딩할 때에는 소문자를 표현합니다.

■ ml5.objectDetector('cocossd', callback)

```javascript
// sketch.js
let detector;
let img;
function preload(){
  img = loadImage('elephant1.jpg');
}
function setup() {
  createCanvas(img.width, img.height);
  detector = ml5.objectDetector('cocossd', modelReady);
}
function modelReady() {
  console.log('모델 준비 완료!');
  detector.detect(img, gotResult);
}
function gotResult(err, results){
  if(err){
    console.error(err);
    return;
  }
  console.log(results);
}
```

```
Console
모델 준비 완료!
▼ [Object]
  ▼ 0: Object
      label: "elephant"
      confidence: 0.9944769144058228
      x: 168.08272391557693
      y: 88.0251275897026
      width: 258.4625479578972
      height: 250.56932938098907
    ▶ normalized: Object
```

'cocossd'를 'yolo'로 수정하면 YOLO를 사용할 수도 있습니다. 제일 먼저 머신러닝 모델이 분석한 데이터가 어떻게 출력되는지 확인할 수 있습니다.

하나의 객체를 탐지했기에 results 값은 1개(0: Object)입니다. label은 코끼리(elephant)이며, 신뢰도는 99.4%입니다. 또한 이미지에서 객체의 좌표까지 알려 주고 있습니다. x, y가 객체의 좌표 입니다. 객체의 너비, 높이까지 알려주고 있습니다. 우리는 이 데이터를 가지고 화면에 노란색의 박스로 탐색된 객체를 표시해 보았습니다.

**sketch.js**

```javascript
let detector;
let img;
let objects = [];

function preload(){
  img = loadImage('elephant1.jpg');
}

function setup() {
  createCanvas(img.width, img.height);
  detector = ml5.objectDetector('cocossd', modelReady);
}

function modelReady() {
  console.log('모델 준비 완료!');
  detector.detect(img, gotResult);
}
```

```
function gotResult(err, results){
  if(err){
    console.error(err);
    return;
  }

  image(img,0,0);
  objects = results;
  noFill();
  stroke(255, 255, 0);
  strokeWeight(1)
  rect(objects[0].x, objects[0].y, objects[0].width, objects[0].height);
  textSize(16);
  strokeWeight(5);
  fill(255, 0, 0);
  text(objects[0].label, objects[0].x+5, objects[0].y+12);
}
```

이미지에서 코끼리를 찾아서 레이블을 표시했고, 객체를 노란색 직사각형으로 표시해 보았습니다. 이번에는 다양한 객체를 동시에 탐색해 보는 코드를 작성해 보겠습니다.

사용하고자 하는 이미지는 다음과 같습니다. 여러 명의 선수들이 트랙을 달리는 복잡한 사진입니다. 어느 정도 크기의 사람(사물)까지 탐색하고, 어떤 종류(label)까지 인식하는지는 학습 데이터에 따라 다르겠지만, 일단 탐색하는 코드를 작성해 보겠습니다.

```
sketch.js
let detector, img;
let objects = [];
function preload(){
  img = loadImage('street.jpg');
}
function setup() {
  createCanvas(img.width, img.height);
  detector = ml5.objectDetector('cocossd', modelReady);
}
function modelReady() {
  console.log('모델 준비 완료!');
  detector.detect(img, gotResult);
}
function gotResult(err, results){
  if(err){
    console.log(err);
    return;
  }
  image(img,0,0);
  objects = results;
  for(let i=0; i<objects.length; i++){
    noFill();
    stroke(255, 255, 0);
    strokeWeight(1);
    rect(objects[i].x, objects[i].y, objects[i].width, objects[i].height);
    textSize(16);
    strokeWeight(5);
    fill(255, 0, 0);
    text(objects[i].label, objects[i].x+5, objects[i].y+12);
  }
}
```

캔버스의 크기는 숫자를 직접 입력해도 되지만, 이미지 분석을 위해서 사용하는 이미지의 크기를 크기 속성으로 사용할 수 있습니다.

createCanvas(img.width, img.height);

달리기 경기 사진 속에서 5명의 사람(person)을 찾았습니다. 대체적으로 앞 줄의 큰 객체들은 잘 찾는 것 같습니다. 여러 객체를 동시에 탐색하는 차원에선 결과가 나쁘지 않습니다.

웹캠 영상으로 실시간 사물을 탐지해 보도록 해봅시다.

sketch.js

```javascript
let video;
let detector;
let objects = [];

function setup() {
  createCanvas(640, 480);
  video = createCapture(VIDEO, modelReady);
  video.hide();
  detector = ml5.objectDetector('cocossd');
}

function modelReady() {
  console.log('모델 준비 완료!');
  detector.detect(video, gotResult);
}

function gotResult(err, results) {
  if (err) {
    console.log(err);
    return;
  }
  objects = results;
  detector.detect(video, gotResult);
}

function draw() {
  image(video, 0, 0);
  for (let i = 0; i < objects.length; i++) {
    noFill();
    stroke(255, 255, 0);
    strokeWeight(1);
    rect(objects[i].x, objects[i].y, objects[i].width, objects[i].height);
    textSize(16);
    strokeWeight(5);
    fill(255, 0, 0);
    text(objects[i].label, objects[i].x + 5, objects[i].y + 12);
  }
}
```

## 저자소개

### 김병남

경인교육대학교 졸업, 인천구산초등학교 교사, SW교육 교사연구회 회장으로 활동하며, 소프트웨어 및 인공지능 교육에 관심이 많아 틈틈이 프로그래밍 언어를 공부하고 있던 중 p5.js를 만나 텍스트 프로그래밍 언어에 재미를 느끼고 실력을 키우기 위해서 노력하고 있다.
〈IYRC 국제청소년로봇대회 심사위원〉, 〈인천광역시 SW교육지원센터 인공지능융합교육 교사지원단〉, 〈인천광역시 SW교육지원센터 SW교육 콘텐츠 개발위원〉, 〈인천광역시 정보교육지원단〉, 〈인천광역시 AI교육 선도학교 컨설팅 위원〉 등으로 활동 중이다.

### 하주원

춘천교육대학교 졸업, 인천서화초등학교 교사, 소프트웨어(SW)교육 선도학교 업무를 맡게 되면서 코딩교육에 관심을 가지기 시작했다. 초등학교에 입학한 아들 시후에게 단계적인 코딩교육을 해주고 싶은 마음에 다양한 프로그래밍 언어를 연구하던 중 p5.js를 만나 인공지능 교육에 심취 중이다.
「인공지능 메이커 길라잡이 대장장이 스마트보드」, 「진정한 사물인터넷 사용자를 위한 하쌤보드로 ESP32 고수되기」 집필, 〈IYRC 국제청소년로봇대회 심사위원〉, 〈인천광역시 SW교육지원센터 인공지능융합교육 교사지원단〉, 〈인천광역시 SW교육지원센터 SW교육 콘텐츠 개발위원〉, 〈인천광역시 정보교육지원단〉, 〈인천광역시 AI교육 선도학교 컨설팅 위원〉 등으로 활동 중이다.

### 김은협

경인교육대학교 졸업, 인천마전초등학교 교사, 평소에 컴퓨터 분야에 관심을 갖고 있던 중, 이세돌과 인공지능 알파고의 바둑 대결에 큰 감명을 받고 SW교육 및 AI교육 분야 공부에 본격적으로 뛰어들게 되었다. p5.js는 인공지능 프로그래밍 장벽을 낮추고 누구나 쉽게 인공지능 프로그램에 접근할 수 있겠다는 생각이 들어 집필에 참여하게 되었다.
「인공지능 메이커 길라잡이 대장장이 스마트보드」 공동 집필진으로 참여, 〈IYRC 국제청소년로봇대회 심사위원〉, 〈인천광역시 SW교육지원센터 인공지능융합교육 교사지원단〉, 〈인천광역시 SW교육지원센터 SW교육 콘텐츠 개발위원〉, 〈인천광역시 정보교육지원단〉, 〈인천광역시 AI교육 선도학교 컨설팅 위원〉 등으로 활동 중이다.

**정기민**

고려대학교 컴퓨터교육 박사과정 중, 경인교육대학교 컴퓨터교육학과 석사, 인천에서 초등학교 교사로 재직하며 오리지널 아두이노로 프로그래밍을 하던 중 초등학생도 오개념 없이 피지컬 컴퓨팅 교육을 적용하고 싶다는 생각이 들었다. 「인공지능 메이커 길라잡이 대장장이 스마트보드」 집필에 참여하게 되었으며, 이후 누구나 쉽게 인공지능을 적용했으면 하는 마음에 p5.js 교재 집필에도 참여하게 되었다. 〈IYRC 국제청소년로봇대회 심사위원〉, 〈인천광역시 SW교육지원센터 인공지능융합교육 교사지원단〉, 〈인천광역시 SW교육지원센터 SW교육 콘텐츠 개발위원〉, 〈인천광역시 정보교육지원단〉, 〈인천광역시 AI교육 선도학교 컨설팅 위원〉 등으로 활동 중이다.

**길완제**

(주)MRT인터내셔널 대표이사, 연세대학교 졸업, 인공지능과 같이 새로운 '기술'을 쉽게 '기술'하여 배우고자 하는 이들이 그 과정을 즐길 수 있는 방법을 찾는 연구에 몰두하고 있다. 〈동국대학교 교육대학원 AI융합전공 겸임교수〉, 〈국제청소년로봇연맹 사무총장〉, 〈(주)디코랩 연구소장〉, 〈과학기술정보통신부 기업멤버십 SW캠프 전임교수(우송대학교, 인공지능·지능형로봇 과정)〉 등으로 활동 중이다.

p5.js 책 한 권으로
## 나도 인공지능 프로그래머

2023년 1월 2일 초판 인쇄
2023년 1월 9일 초판 발행

| | |
|---|---|
| 저　　　자 | 김병남 · 하주원 · 김은협 · 정기민 · 길완제 |
| 발　행　인 | 배영환 |
| 발　행　처 | 도서출판 현우사 |
| 등 록 번 호 | 제10-929호 |
| 주　　　소 | 서울시 영등포구 영중로 138-1(영등포동 8가 80-2) 드림프라자 B 901호 |
| | Tel  02) 2637-4806, 4863   Fax  02) 2637-4807 |
| 홈 페 이 지 | www.hyunwoosa.co.kr |
| E - m a i l | okpress1208@naver.com |
| 정　　　가 | 19,000 원 |
| I S B N | 978-89-8081-599-9 93000 |

---

**불법복사는 지적재산을 훔치는 범죄행위입니다.**

저작권법에 의하여 무단전재와 무단복제를 금합니다.
이를 위반할 시에는 처벌을 받게 됩니다.